JN002332

チャンスも出会いも豊かさも！
思いのままの人生を生きる方法

「魂の望み」を引き寄せる

Amy Okudaira　奥平亜美衣

廣済堂出版

はじめに

「自分自身がすべてを引き寄せている」

スピリチュアルや、「引き寄せの法則」に馴染みの深い方なら、もう何度も聞いた言葉かもしれません。

では、自分とは何でしょうか？

「三位一体」という言葉を聞いたことのある人は多いかもしれませんが、魂・思考（思考からくる精神）・身体、この3つで構成されたもの、それが自分です。

自分というのは身体だけの存在ではない、ということを信じる人は多くなってきていると思いますが、目には見えないけれど、魂という自分の本質と言えるものの存在をなんとなくでも感じ取り、意識していくことが、あなただけのオリジナルな人生を創造していくためにとても大事なことです。

私はこれまでたくさんの引き寄せの法則に関する本を書いてきましたが、引き寄せの法則を活かして望みを叶えていくには、「いい気分でいられる思考を選択することが大事」だということを、私自身一貫して実践し、お伝えしてきました。

この「いい気分でいる」ということは、「三位一体」の、思考と精神の部分をよい状態にしていきましょう、ということです。

そして、いい気分でいる時間が長くなってくると、本当の自分とのつながりがどんどん強くなり、魂の求めることに気づきやすくなってくるのです。

私自身、引き寄せの法則に出会って以来、今ある幸せに目を向けることや、自分がいい気分になれる思考と行動を選択し続けてきました。

そうすることで、よりはっきりと自分が本当にやりたいこと、本当の望みと言えるものが見えてくる感覚がありました。

そうして、自分の魂と身体の方向がカチッと合わさり、完全に魂との回路が開かれたため、奇跡のような見えない後押しを受けて、必要なチャンスや出会い、豊かさが自動的にどんどん引き寄せられ、望みが叶っていったという経験をしてきたのです。

6年前までごく一般的な主婦で会社員だった私は、引き寄せの法則を知りブログを書きはじめたことがきっかけで、約1年で本を出版したいという望みを叶えました。

それから5年の間に、おもに引き寄せの法則に関する本や手帳など約30冊を出版し、累計80万部突破という信じられない奇跡を引き寄せ、それは私の人生を根底から変えることになりました。

仕事以外でも、ほしいものが思わぬところから手に入ったり、理想の住まいを見つけたり、ダイエットに成功したり、以前では一目見ることさえも考えられなかったような大好きな人と交流することができたり、病気の後遺症が治ったり……と様々な望みが叶いました。

その中で、私は望みが叶う仕組みや、人生の仕組みについて理解を深めていき、今ではもう「叶わない望みはない」と思えるまでになりました。

どんな人でも、その人が心から望む人生を実現することができる、と私は確信していますが、そのためにも、自分の「魂の望み」を知ることはとても大事です。

魂・思考・身体のうち、思考と身体は自分で意識して変えることはできますが、魂を変えることはできません。しかし、魂を知っていく、ということはできます。

魂の望みとは、あなたが生まれる前に、自分で「この人生、こんなふうに生きよう」

「これにチャレンジしよう！」と決めてきたことです。それは、例外なくだれもが必ず持って生まれてきています。

魂から望んでいることにあなたが向き合えば、見えない力の後押しを受け、通常ではあり得ないような出来事や、不思議なシンクロなどが起こり、どんどん願いが叶い、毎日が輝きはじめ、生きている喜びや生まれてきた喜びを感じられるようになるのです。

反対に、魂から望んでいるわけではないことでも、叶えることはできますが、そこには本当の幸せも喜びもないでしょう。そのため、どれだけ手に入れても「まだ足りない、まだ足りない」と求めてしまい、満たされない気持ちが続いてしまうのです。

だからこそ、魂の望みを知ることが大事になってきます。

また、あなたが魂の望みに沿って生きれば、自分が幸せになるだけでなく、ほかの人にも貢献することができます。なぜならそれは、自分の望みであると同時に、あなたに与えられた、あなたにしかできない役割であり、その役割を果たすことで、ほかの人のためにもなるからです。

魂の望みに沿って生きることは、自分にとっても他人にとっても、人生の使い方としてもっとも幸せなことなのです。

私自身、一昨年の末あたりから自分自身の魂の望みをハッキリと自覚し、それに心から納得し、その道を邁進《まいしん》する覚悟を決めました。

私が私の歩いている道に１００％の確信と満足、そして希望を持てるようになると、自分でもびっくりするような幸福感や安心感がやってきました。

それは、「私は私でよかった」と、心から完全に思えるようになったということ。

私はずっと手に入れたかったものを手に入れたのです。

そして、そのためにはやはり、その人が魂で決めてきた望みを知り、その道を歩いていく必要があると、ひしひしと感じています。

そういう意味でも、この本では「引き寄せ」の集大成として、魂の望みを知り、それを引き寄せる方法を書かせていただきました。

これまで書いてきた引き寄せの法則の本は、おもに思考と精神を整えていくことをお伝えしてきましたが、本書は「魂を知っていく」ということについて重点的に書きました。

魂の望みに気づき、その実現の道を自ら選ぶことこそが、すべてを引き寄せていく究極の引き寄せ状態への道なのです。

あなたが魂の望みをこの人生で実現する時、最初から自分自身がすべてを持っていたと気づくことができます。

その時、あなたは心からの望みを叶え、自分は自分でよかったんだということ、そして心からずっと望んでいた「本当の幸せ」は、最初からあったということに気づくでしょう。

CONTENTS

CHAPTER

2

「魂の望み」に気づくためのヒント

CHAPTER
3
「本当の自分」を生きられない理由

CHAPTER

4

「魂の望み」を叶えて人生を展開していく

CHAPTER

5

魂で決めてきた出会いを引き寄せる

デザイン　bitter design
ＤＴＰ　株式会社三協美術
編集協力　RIKA（チア・アップ）
編集担当　真野はるみ（廣済堂出版）

CHAPTER

1

あなたは魂の望みを実現するために生まれてきた

思考で作られた望みと、
魂の望みは、違います。
前者は、周りから影響を受けたもの、
後者は、あなたから湧き出るものです。

私たちが持つ「望み」には2種類ある

「あなたの望みはなんですか？」

そう聞かれたら、なんと答えますか？

理想のパートナーがほしい、大学に合格したい、仕事で成功したい、お金持ちになりたい、憧れの家に住みたい、海外で暮らしたい、ペットを飼いたい……いろいろな望みが浮かんでくるでしょう。

じつは、「望み」には2つの種類があります。

ひとつは、「はじめに」でもお伝えしたように、生まれる前から魂が抱いている望み。もうひとつは、生まれてから周りの人や社会の影響を受けた結果、思考で作り上げられた望みです。

魂の望みとは、魂にそもそも設定された「こうなるべき自分」とも言えるもの。

もうひとつのほうは、いわゆる「なりたい自分」であり、私たちが普段「願望」と呼んでいるものは、こちらに当てはまることが多いでしょう。

大事なことは、この「なるべき自分」と「なりたい自分」、「魂の望み」と「自分の願望」を合わせていくということです。

あなたの願望と魂の望みが重なる時、あなたは見えない力の後押しを受けて、必要なものをすべて引き寄せ、その願いを叶え、あなた本来の自分で生きていくことができます。

そして、魂の望みに気づいてそれを人生で実現していくことが、あなたが生まれてきた目的であり、心から幸せを感じられることです。

ところが多くの人は、後者の思考で創り上げられた望みに惑わされて、例えば「結婚したら幸せ」「お金がたくさんあれば幸せ」など、世間的な〝幸せらしきもの〟を追いかけています。

しかし、それらを手に入れても、本当の意味で幸せになるとは限りません。

これまでいろいろな人を見てきた中で、お金持ちと言われる状況にあったり、結婚して立派なパートナーや家族がいても、まったく幸せそうではない人がいるのはどうしてなんだろう、と考えてきました。

もちろん、パートナーシップやお金に、魂の望みを設定している人もいます。

また、あなたの人生はあなたの望みを叶えるためにあるので、人生から逃れたいとかラクしたいという動機でなければ、ほしいものやしたい経験を、存分に欲張っていいのです。

しかしどれだけお金持ちになろうと、世間からどれだけ認められようと、どれほど理想的なパートナーや家族がいようと、魂の望みに沿った人生を生きていなければ、心は満たされないのです。

一人ひとり、望みも違えば、幸せの形も違います。まずは、そこを認識して、自分は本当は何を望んでいるのか、自分の幸せとは何か、というところに深く向き合っていきましょう。

本書では、あなたの魂の望みを見つけ、あなたが本来のあなたで生きられるようなヒントをたくさん書きました。

それらを手がかりに、魂の望みに気づいていきましょう。

魂の望みを実現することは、
人生をかけて行うこと。

魂の望みに気づいた時、本当の人生がはじまる

魂の望みと言っても、それがどういうものなのか、なかなかイメージできない人もいるでしょう。

魂の望みは、本当に人によって様々です。

例えば、バイオリンを弾くことにたけている人が、「音楽家になりたい」など才能を活かして輝きたいと願うような、比較的わかりやすい望みもあれば、「家族関係から学びを得る」「自由に冒険する」「リーダーとして人を引っ張っていく」「人や地域をつなぐ大使になる」「人をサポートする」「自分のキャラクターを確立してカリスマ的存在になる」など、ちょっとわかりにくい望みの場合もあります。

また、恋愛や結婚がテーマの場合もありますし、「財を成す」という場合もあり、本当にみんな違います。

抽象的でわかりにくい場合は、魂の望みになかなか気づけないかもしれませんが、魂の望みを実現していくということは、人生をかけてやることなので、焦る必要はあ

りません。

私自身のことを思い返すと、自分自身がどう生きたいのか、という魂の望みに向き合うことをせず、社会人になったら就職するものだという社会の一般的なレールに乗ることを選択しました。お金のためにただ働いていた会社員時代は、なんとか日々をやり過ごしている状態だったので、充実した毎日と言える状態からはほど遠かったですし、「生きている」という実感もありませんでした。

しかし、9年前に『アミ　小さな宇宙人』（徳間書店）という本に出会って、スピリチュアルという世界を知りました。そして7年前に『サラとソロモン』（ナチュラルスピリット）を読んだことがきっかけで、引き寄せの法則を知り、人生でずっと探していたことに巡り会えたという思いがしました。

私はここに真実があると思い、それをただただみんなに知ってほしくてブログで発信しはじめたのですが、すると特別なことは何もしなくても、たくさんの人に読まれるようになりました。

そして1年ほどでそのブログが本になり、その後も自分から営業らしきものをいっさいしなくても、次々と出版や講演のオファーが舞い込むようになりました。

しかも、本はベストセラーになり、そのうちにバリ島と日本を行き来しながら自由に仕事ができる環境になったのです。

どうしてこのようにとんとん拍子に物事が運んだのかと言うと、それが私の魂の望みを叶えていく道筋であり、この世での私の役割のひとつだからです。

このように、魂の望みを生きはじめると、見えない世界からの導きや後押しを、どんどん受けられるようになります。不思議な力からの恩恵を受けることができるのです。

私は今の仕事をするようになって、「私、生きている」という充実と喜びの感覚で満たされるようになりました。

2018年の末、私自身の魂の望みのメインテーマは、「愛について体験し学ぶこと」だと、見えないものが見える特殊能力を持つある方に教えてもらったのですが、私自身それに深く納得できるものがありました。「愛」というのは、恋愛だけでなく、もっと大きな意味での愛も含みます。

9年前に『アミ　小さな宇宙人』に出会った時、「愛とは何か」ということを深く考えるようになったのを今でもよく覚えています。そこから人生が魂の道へと進みはじめたのです。

自分の心に湧き上がるものに従えば、ちゃんと「魂の道」、つまり「生まれてきた意味」にたどり着けるようになっているのです。

「特にやりたいこともないし、魂の望みなんてわからない」という人がほとんどかもしれませんが、魂の望みを持っていない人なんて、この世にいません。

というよりも、魂の望みを持っていなかったら、そもそもこの世に生まれてきていないはずです。どの魂も、身体を持って、決めてきた望みを果たすために生まれてきているのですから。

魂の望みに気づいた時が、本当の人生のはじまりです。あなたの人生はこれからまだまだ花開きますから、楽しみにしていてくださいね。

自らの魂の望みを
思い出し、生きることが、
迷いのない、真の幸せにつながります。

魂の望みを生きると、迷いがどんどん消えていく

どんな人でも、本当は自分の魂の望みを知っています。

でも、生まれてから今まで「魂」について教えてくれる人はあまりいなかったかもしれませんね。加えて、親や周囲の人に「こうしなさい」「ああしたほうがいい」と言われ続けたり、「こういう生き方がよい生き方だ」という固定観念に影響されて、自分の魂の望みがわからなくなってしまっている人がほとんどです。

もちろん、この世ではどんな願いも（それが魂の望みではなくても）信じれば叶う、というのもまた真実ですし、いろんな願いを抱いてそれを経験していくこともまた、人生の醍醐《だいごみ》味でしょう。

でも、魂の望みを思い出し、自分自身が魂の道を歩んでいくことにより、自分自身も生まれてきた意味を理解し、幸せを感じ、周囲ともどんどん調和していきます。そして、「自分が自分でよかった」と本当に思えるようになります。

さらに、どんな出来事に遭遇してもそれを学びとしてとらえることができますし、

自分の魂の望みに沿って生きていれば間違いないと確信でき、迷いがなくなっていきます。でも、残念ながら、自分の魂の道を歩んでいる人は、全体から見るとまだまだ少ないようです。

私自身、ここ最近、魂の望みをはっきりと認識したことで、すべての迷いが晴れ、自分のやるべきことにまっすぐ意識を向けられるようになりました。

それまでも魂の望む方向に向いていたと思いますが、明確に魂の望みを確信したことで、より自分自身のやりたいことも、役割も理解できるようになったのです。

あなたも、魂の望みを思い出して、迷いないクリアな人生を送りましょう。それこそが、あなたが心から望んでいる人生なのですから。

天職というものは、
探し求めるものではなく、たどり着くもの。
大切な人との出会いも、あなたの人生に
はじめから配置されています。

職業もパートナーも、選べるようで、じつは選べない

職業やパートナーを選ぶ、という感覚はとても普通のことだと思いますし、みんな当たり前にそのようにしてきたでしょう。

しかし、職業について、自分自身を突き詰めていくと、「結局私にはこれしかできない」というものにたどり着きます（それが複数ある場合もあります）。自分の本当にやりたいことに気づき、素直になってその道へと踏み出していけば、自然とそうなっていくのです。

そんなふうに、職業というものは、本当の自分でいれば自然とやってくるものであり、自然と引き寄せるもの。

言ってみれば、職業選択の自由というのは、あるようでないのです。

あなたの望みは、世界でひとつ、あなただけのものです。同じような職業に就きたいと願う人はいても、その理由もその職業に就いて自分が表現していきたいことも、みんな違います。

あなたとまったく同じ望みを抱いている人は、あなた以外にはいません。ひとつとして同じものはないのです。それは、あなたという人間が世界にひとりしかいないのと同じです。

その望みは、どこから来るのか。それはもう、生まれつきそうなっている、魂がそもそもそれを望んでいるとしか言えません。

意外に思われるかもしれませんが、「引き寄せ」もスピリチュアルも、自分の中の真実ではあるけれど、それを世の中に伝えることは、世間的に見たらアヤシイと思われる、という思いが私にはずっとありました。

比較的、厳しい家庭に生まれ、世間的に立派に生きることや、現実的に努力して成果を出すことが大事だという価値観を植えつけられて育ったことも大きく影響しています。

誤解を恐れずに言うと、いつか本を出したいと思っていたけれど、引き寄せとかスピリチュアルの本を書く人になりたかったわけじゃない……、どうしてこうなったんだろう？　と最初の頃は思っていたのです。

小さな頃から、自分の内側（自分の信念）と外側（目に見える現実）は何か関係しているとか、直感を信じていたにもかかわらず、〝スピリチュアルの人〟に見られることに抵抗している自分がいました。

魂の望みというのは、自分がまさかこれをすることになるとは思わなかった、というようなことの中にあることも多いものです。

最近になってようやく、それが魂の望みであり設定だからそうなったし、それ以外はなかったとわかりました。そうして自分がやっていることが広く知られるようになって、いよいよ今の仕事をするために生まれてきたのだから、これをやるしかないという、いい意味でのあきらめがつくようになりました。

また、職業と同じように、あなたが出会って交流を持つ人も、ある程度決まっています。

あなたに両親や親戚がいるように、魂にもグループがあって、お互い魂の望みを叶えていくため、そしてお互いの学びや成長のために、この人生で出会いましょう、と決めている人たちがいるのです。

その人たちとは、この人生のどこかで必ず出会うようになっています。

そうした魂で約束してきた人たちに、どうしたら会うことができるのかは、CHAPTER5でお伝えしていきます。

その中には、あなたのパートナーや結婚相手もいるでしょう。それはただひとりの結婚相手が決まっているというわけではなく、結婚相手になり得る縁のある人が何人かいるということです。

このように、職業も人生における出会いも、ある程度の範囲の中で最初から決まっています。全部、自分で選べるようで選べないのです。

ただし、仕事も出会いも、あなたの意思に反してこうしなければいけない、こうでなければいけないと、だれかから決められたものではなく、本来、あなた自身が本当に望んでいることなのです。自分自身を深く知ることで、それが望みだったと気づいていく、ということです。

魂の望みを叶えるために必要なものは、
だれもがすべて、持っています。
あなたが、自分のすべてを
受け入れることから
はじまります。

あなたは、あなた以外の何者にもなれない

先ほど、職業もパートナーも選べるようで、じつは限られた範囲からしか選べないということをお伝えしましたが、それはあなた自身も同様です。

あなたは、あなた以外にはなれないし、あなた以外のものになる必要もないのです。どんなに現状からかけ離れた願いであっても、あなたが本当に望むことならば、それは叶います。

でも、りんごの木からみかんはとれません。りんごの種からは、絶対にりんごしかできないのです。

あなたも、生まれた場所や時間、両親を変えることはできませんし、魂に抱いてきた望みを変えることはできません。

つまり、**自分という種を受け入れる以外ないのです。**

自分を受け入れるというのは、自分が自分でよかった、自分として生まれてきてよかったと心から思えることです。そうなるには、自分の魂の望みを見つけて、それを

実現していく以外にありません。

自分が持って生まれた望みを、魂は絶対に忘れさせてくれません。

つらいからとか、面倒くさいからと言って魂の望みから逃げても、それは追いかけてきます。逃げたり、逆らったりするほど、人生がうまくいかなくなったり、〝ハードモード〟へ突入してしまったりするので、素直に魂の望みに向き合ったほうがいいのです。

またあなたは、あなたの魂の望みを叶えるために必要な資質を、すべて持って生まれてきています。

それは才能や能力かもしれませんし、あなたの性格や容姿かもしれません。とにかく、最初から必要なものはすべて兼ね備えて生まれてきているのです。

今はそう思えないかもしれませんが、あなたがちゃんと魂の望みと向き合い、その道を進みはじめれば、どこかの時点で、自分は最初から必要なものをすべて持っていたということに気づくことになります。

だれもがみんな、最初から自分に必要なものを持っているので、魂の望みを叶えることができるのです。そして、それを活かしながら心から幸せを感じ、満たされた人生を送ることができるのです。

それは特別な人だけができるわけではありません。だれにでもできるということです。

その意味で、どんな人でも平等に宇宙から愛されています。

あなたが自分の魂を生きはじめた時、この「だれもが平等で、愛されている存在」だということが、心の底からわかるでしょう。

自分の持っているものに気づき、
それを伸ばす努力はとても大事。
それは、社会のためになり、
自分を愛することになります。

「あるがままに生きる」の本当の意味

「あるがままでいい」という言葉をよく聞きますが、それは今のまま何も努力をしなくていい、自分は何も変わらなくてもいい、わがままに好き放題やっていい、ということとはまったく次元が違います。

それは、先ほどお伝えしたように、あなたはすでに必要なものをすべて持っているということ。そして、その資質を活かし行動として現していくことが、自分にとっても、ほかの人にとっても、地球にとっても、最高最善の生き方だということです。

それは、「本当の自分を表現しながら生きる」という生き方と言えます。

これは、簡単なようですごく奥深いことです。

まず持って生まれた資質を自分で認める必要がありますが、そのためには、深く自分と向き合わなくてはいけないし、それがなんなのか見当がついたとしても、怖れが先に立って、受け入れるのが難しいこともあるからです。さらには、やるべきことがわかっていても、その道に行くことに抵抗を感じたり、実際にやるとなると大変だと感じることもあるでしょう。

でも、自分が持って生まれたものを活かして、やりたいことをやったり、常に向上しようとすることは、地球全体のために役立つことでもあります。

そのために、自分のいいところや、持っているものに気づき、それを伸ばす努力をするのは、とても大事なこと。

それは結局、自分を愛することでもあります。

それこそが、「人生」の使い方としての正解であり、本当の意味で自分のやりたいこと、やるべきことをこの世で表現する生き方なのです。

それは同時に、自分が幸せを感じる生き方でもあり、自分が情熱を注げる生き方でもあり、本当の自分を生きるという、魂の望みを叶える生き方なのです。

つまり、「本当の自分を表現しながら生きる」「あるがままの自分で生きる」ことこそ、究極のゴールということ。

人生には、勝ち組も負け組もありません。そして、不幸になる運命の人もいません。

みんな、生まれつき価値のある存在です。

あなたがあるがままの自分の価値に気づき、それをこの世で表現していけば、だれもがみんな幸せに生きていけるようになっているのです。

魂・思考・身体。
三位一体であることが大事。
魂が感じることを、行動していく。
これが夢を叶えるための、宇宙の仕組み。

魂・思考・身体。三位一体であることが、すべてを引き寄せるカギ

人間は、魂、思考、身体の3つでできています。心、頭、行動と言うともっとわかりやすいかもしれません。

そして、人生とは、魂から来るものを身体と思考を使って、この世で表していく（行動する）ためにあるのです。

そのために私たちは生まれてきて、時間を与えられています。

現代の多くの人は、魂より思考、心より頭を優先しています。つまり、本心より建前、感じていることより常識や人の目を優先しています。

「本当はこの仕事に興味があるけれど、食べていけそうにないから、安定している仕事にしよう」とか「あれに興味があるけど、人から変に思われたらイヤだからやめておこう」とか「これをやりたいけど、お金がかかるからやめておこう」とか「本当はあの人が好きだけれど、うまくいきそうにないから別の人を探そう」などなど、心当たりのある人は多いのではないでしょうか？

このように「思考優先」で生きていると、物事がうまく運ぶこともあれば、何をやってもうまくいかない、思い通りにいかない、ということも起こります。

しかし、自分の魂、心を軸にして、思考と身体を使っていけば、人生という川はスムーズに流れはじめます。実際、あなたがあなたの魂に従って生きていくようになると、様々なことがうまく回りはじめるのです。

これは、イヤなことがまったく起こらないという意味ではありません。でも、必要な出会いやチャンスは自動的に引き寄せることができますし、やりたいことがすんなりと実現したり、人生を楽しむために十分な豊かさも引き寄せていくことができます。

まるで、人生が別のステージに移行したかのように感じます。

私自身、「愛について体験し学ぶ」という自分の魂の設定をベースに生きる前と後では、まったく違う世界を生きています。

以前は、やりたいことが全部実現できるなんて思っていなかったので、様々な願いを叶えようとしたこともなく、また「人生はこれでいい」という確信もないまま、なんとなくやり過ごしながら、人生を消費しているような状態でした。

でも今は、すべての歯車がカチッとはまって動き出したかのごとく、とても充実し、自由な暮らしを実現できています。以前の私には考えられなかったような暮らしや、やりたい仕事、そしてお互いを尊重し合える人間関係にも恵まれ、必要な豊かさも引き寄せています。

私だけがそうなのではなく、だれもがそんなふうに、どんどん願いが叶って、なんでも引き寄せていける状態になれるのです。

そして、あなたと接する人は、あなたをとても大切に扱ってくれるようになるでしょう。まさに究極の引き寄せとも言える状態です。

大事なのは、まずあなたの魂、あなたの心がどう感じているのかに気づき、それを優先させていくこと。そして、三位一体、つまり魂（心）、思考（頭）、身体（行動）が一体となっていること。

そんなシンプルな仕組みで、この世は動いています。

あなたの身体を、夢の実現のために宇宙に明け渡すような気持ちで、流れに任せましょう。自分のできることを精一杯やれば大丈夫です。そうすれば、導かれるように魂の望みはベストタイミングで実現していきます。

「お金がない」ことを問題にしない。
魂の望みを叶えるために必要なお金は、
引き寄せられるのですから。

魂の望みを生きれば、必要な豊かさを引き寄せる

特にやりたいことはないけれど、とりあえずいい大学に行っておいたほうが将来は安泰だからと、必死で受験勉強をして大学に入学。その後就職したものの、何がしたいのかわからないまま、生活やお金のために働いている……なんていう人も多いのではないでしょうか。

おそらく、食べるのに困らない人生を送るための保障として、世間的な豊かさや幸せを求めているのかもしれませんが、どんなに安定した企業に勤めていても、なんの保証もないのが今の時代です。

でも、保証されていることがひとつあります。

それは、先ほどもお伝えした通り、「魂の望みに向かって生きれば、必要な出会い、チャンスや豊かさなど、すべて引き寄せていく」ということです。

たいていの人は、お金がないと生きていけない、という心配を持っています。もちろん、生きていく上でお金は必要ですし、たくさんあるに越したことはありません。

ただ、**確実に言えるのは、魂の道に入れば、自動的に、自分が必要なだけのお金はついてくるようになるということ。**

やりたいことをやっても、お金にならないし生きていけない……と思って断念してしまっている人も多いかもしれませんが、その心配をまず手放しましょう。

私自身、たくさんの人に真実を伝えようとブログをはじめたわけですが、その時はそれが仕事になるなんて思っていませんでした。ただ、興味があって、純粋にみんなに知ってほしいと思っただけなのです。

でも気がつけば、いつの間にかそれが仕事になり、必要な豊かさをもたらしてくれるようになりました。

ちなみに、魂の望みが仕事のこと以外にある人の場合は、望みの方向に向いていくと、特に自分で稼がなくても生きていけるようになります。

例えば、好きにお金を使わせてくれる旦那さんと巡り合うなど、さほど仕事をしなくても、必要なお金は入ってくるようになっています。

私の友人に「自由に冒険する」ということが魂のテーマの既婚女性がいるのですが、

彼女はご主人をひとりで日本に置いて、彼女と子どもだけでバリに移住。バリの生活を楽しんでいます。また彼女は今後、ヨーロッパへ移住する計画も立てていて、それも着々と進んでいます。

彼女の思いを受け入れて、自由にさせてくれるばかりか、お金も出してくれるご主人。うらやましい限りですが、こんなふうに魂の望みが仕事以外にある場合、自分の魂に従って行動すれば、お金に困らずにやりたいことがやれるようになっているのです。

魂の望む方向を向いていくと、お金のことは気にせず、喜びで生きていけるようになるのですね。

だからこそ、お金の心配はいったん横に置いて、本当にあなたが望む道を見つけていくことが大事です。

魂の望みに、
大きいも小さいもありません。
どんな望みも、地球への貢献であり、
それを実現することが、
あなたの役割でもあるのです。

あなたの魂の望みは、あなた個人のものではなく、地球全体の望み

これまでもお伝えしてきましたが、魂の望みは本当に人それぞれです。

「才能を発揮して有名になる」ということだったり、「財を成す」ということの人もいます。また「パートナーを助けること」「家族と向き合うこと」「束縛から解放されて自由に生きる」など個人的なことや、家庭的なことが目的の人もいます。

その望みが社会的に見て大きなことか小さなことか、社会的に役立つことかどうかという視点は、必要ありません。

どんなに個人的なことであっても、それは地球全体をよくする方向、進化させる方向にあるものだからです。

私たちが魂の望みを叶えていく理由は、最終的には、地球全体に貢献するためです。

個人的なことや小さなことに思えても、それをちゃんとまっとうすることで、全体の中のひとつの経験として積み上げられていきます。そしてより豊かで調和した地球になっていくのです。

つまり、あなたの魂の望みは、この地球であなたが担っている役割でもあるのです。

だれもが地球という大きなパズルのひとつのピースです。ひとつ欠けても、完成しません。あなたは、地球にとって、そして、ほかのすべての人にとって必要だから、生まれてきたのです。

あなたがあなた自身の望みを叶えることで、地球全体が前へと進んでいく。魂はそのような完璧なシステムになっています。

だから、たとえ個人的なことであったとしても、あなた自身の望みを叶えることに遠慮はいりません。

そして、あなたが魂の望みを叶えるために行動する時、そこには必ずあなたが満たされる結果がついてきます。あなたが満たされると、世界も満たされていくのです。

少しスピリチュアルな話になりますが、あなた自身が世界の大本であり、あなたが世界であり、世界があなただからです。

「なぜ、この出来事が起きているのか」
自分に問いかけてみましょう。
その出来事の中に、
魂の導きが含まれています。

あなたが魂の道へ踏み出すことを、時代の流れが後押ししている

2017年くらいから、結婚や離婚、仕事や人間関係などで、人生の岐路に立っている人が多いのではないでしょうか。例えば、今までスムーズに進んでいたものが急に立ち行かなくなったり、なんとなく夫婦を続けてきた人が離婚を決意したり……。今までのやり方ではうまくいかなくなっている人や、今後の生き方を考えざるを得ないような出来事が起こっているという人が続出していると思います。

それは、魂の望みに気づくための、宇宙からの働きかけなのです。そうやって、だれもがちゃんと魂の道へ導かれているのです。

自分に起こることをよく観察してみてください。それは一見、ネガティブな出来事かもしれません。

そんな時こそ、「なぜ、この出来事が起こっているのだろう?」と自分に聞いてみましょう。

そこに魂の望みに気づくためのヒントがあるはずです。

数ヶ月前、中学校の同窓会があり出席した時のことです。公立中学校なので、地元の人たちばかりです。同じ分野に興味のある集まりではないので、バラエティに富んだ人たちがいます。

そのような場では、私はスピリチュアルな話は自分からしないようにしているのですが、銀行に勤めている元同級生の友人が話しかけてきてくれました。

そして、サラリーマンは思い通りにいかないことや、矛盾を感じることがたくさんあること、自分も自分の魂に従って生きていきたいこと、それが幸せであることもわかっている……ということを熱弁しはじめたのです。

まさか、銀行マンからそんな話が聞けると思わず、私のほうが驚いてしまいました。今までの世の中なら、銀行で働くということは、いかに出世組に入るかが大事なことだったでしょう。

しかし、彼の話を聞いて、会社という組織に属するサラリーマンも、自分が本当にやりたいことに気づき、実現していく時代になったのだな、と感動しました。

今は、かつてのように上を目指して競争したり、より多くを獲得することが求められる時代ではなくなりました。それぞれが、それぞれの魂で生きる時代へとどんどん移り変わっているのです。

あなたがあなた自身の魂に従って生きるための導きは、だれにでも平等にあります。過去がどうだったかなんて、いっさい関係ありません。

そうした流れに自分が乗っていけるかどうか、読み取っていけるかどうかが、ポイントになります。

そして、どの道に進めばいいかは、自分の本心が知っています。

丁寧に自分自身に問いかけ、そして勇気を持って決断をしていけば、ちゃんと魂の望みを思い出し、それに沿って生きていけるのです。

生まれてきた以上、いつかは死ぬ時が来ます。それまでの間、いかに最大限に自分の望みを実現して幸せになり、そしていかに周りにもそれを還元していくか。それに向き合っていけば、ちゃんと魂の望みにたどり着けるのです。

今は魂の流れに乗るための後押しの波がどんどん来ていますから、その波に乗っていきましょう！

だれにでも必ず、様々な出来事の中に、魂の望みを知る導きが入っています。

次章からは、魂の望みに気づいていくヒントや、それを実現していく方法をお伝えしていきます。

CHAPTER

2

「魂の望み」に気づくためのヒント

まず、自分の本心を知りましょう。
本心から目をそらさずに、受け入れる。
この繰り返しで、
魂の望みが姿を現してきます。

あなたの本心が、魂の望みを知っている

魂の望みと言われても、これまで思考優先で生きてきた人にとっては、いったい自分の魂が何を望んでいるのか、まったく検討もつかないかもしれません。

でも、自分の魂の望みなのだから、わからないはずはありません。

本来、魂の望みに気づき、それを叶える生き方というのは、そこまで難しいものではないはずですが、魂の望みがわからないという人はたくさんいます。

どうしてそうなってしまうか、ということはCHAPTER3で詳しくお伝えしていきますが、この章では、あなたが魂の望みに気づくために、いくつかの問いかけをして、あなた自身について深く掘り下げて考えてみたいと思います。

少しずつ角度を変えて自分に問いかけ、自分自身を知っていきましょう。

ゆっくりと自分と向き合う時間を取り、その問いかけによって浮かんできた答えを、ノートに書きつづってみてください。

何度も何度も問いかけをしていくうちに、あなたの本心が現れてきます。

本心に気づき、受け入れることで、魂の望みが見つかっていくでしょう。

いったい自分にはどんな魂の望みがあるのか、ワクワクした気持ちで、楽しみながら、問いかけていきましょう。


あなたの魂の望みは、まさしくあなたが生まれてきた理由です。

あなたにその役割があることを魂が覚えているから、日々の様々なことを通して、あなたは自然とそれを望むようになるのです。

逆に、あなたの中にないものは、望みとして浮かんでくることはないということです。

あなたは、自分の魂の望みが何か、ちゃんと知っているのです。

どんな親か、どんな家庭環境か、
どんな容姿をしているか……。
あなたが持っているものの中に、
魂の望みを知るヒントが隠れています。

生まれてきた環境は、だれにとってもベストな環境

あなたは、どんな両親のもと、どんな環境の家に生まれてきましたか？

だれもがその望みを叶えるために、最適な国、地域、親、兄弟姉妹、家庭環境、容姿などを選んで生まれてきています。

それは例えば、医者になって人を助けることが魂の望みであるため、代々医者の家系に生まれてくる、というような場合もありますし、逆にあなたの本当の望みとは真逆の環境に生まれてくる場合もあります。

例えば「家族関係について学ぶ」のが魂の望みであるため、ひどい家庭環境に生まれてくる、というようなケースです。このような場合、「こんな家庭環境はイヤだ！」と強く思うことが、魂の望みに気づくきっかけとなっているわけです。

私自身の家庭環境には、その両面がありました。父親は本が大好きで、家中が本だらけでした。それが現在の私の仕事につながっていることは間違いありません。

しかし、それと同時に常に優等生であることを求められ、勉強においても、風紀的なことにおいても、いわゆる「いい子」でいなくてはいけない、というプレッシャーがいつもありました。

そのような価値観から抜け出して、愛の価値観で生きることや、愛について体験し学ぶことが私の魂の望みのメインテーマだったため、そのような環境に生まれてきたわけです。

私自身は、おそらく中学生の時には、いい大学に入っていい仕事に就くことが、いい人生でも幸せでもない、ということに気づいていました。でも家庭環境の影響は大きく、その価値観から完全に抜け出すのには時間がかかりました。

また私の両親は、お見合い結婚をしていますが、幼い頃は、なんとなくではありますが、お見合い結婚に抵抗がありました。もちろん、お見合い結婚に愛がないわけではありませんが、愛を学ぶために、自分は恋愛結婚をしたいという望みが生まれたのでしょう。

私の友人Yさんは、自営業の家に生まれました。家業は地元の名産品を扱う伝統的なお店で、父親は家業を継ぐよう、小さな頃からYさんに言い続けていたそうです。

Yさんは女性で、弟もいましたが、弟は早くに別の道を選び、またご両親も弟に継がせようとすることはなく、その期待はいつもYさんへ向けられていました。

Yさんは、ずっと両親に反抗する気持ちを持ち、家業を継ぎたくない、自分は自分の道を生きたいと願っていました。

でもそれは、自分が社長としてやっていける自信のなさから来ている「逃げ」だったのです。社長になることから逃げ回って、別のことをやろうとしても、ことごとくうまくいきませんでした。

そして、逃げても逃げても「社長になるように」と、両親は働きかけ続けてきました。

ある時、Yさんはとうとう、家業を継ぐ覚悟を決めました。社長として社員を引っ張り、会社をよりよくし、地元の人にも貢献していこうと決めたのです。

すると、そこからすべてがうまく回りはじめました。

伝統を守りながら新しい商品を扱い、お店もリフォームするなど、自分も社員もイキイキと働ける会社づくりに取り組みはじめ、売り上げもどんどん上がってきているそうです。

じつは、私の実家も自営業をしています。私は3姉妹の長女ですが、家業を継ぐように言われたこともなければ、そのプレッシャーを感じたこともありませんでした。また、私が18歳で家を出て、東京に行こうとした時も、すべてがすんなりと進みました。

それも、今思えば私自身の魂の望みが、家業を継ぐことではなかったからです。また私の魂の望みを果たすためには、東京にいたほうがよかったからだということが、今振り返るとよくわかります。

ほかにもご紹介すると、家族や親戚の中で唯一の女の子だったMさんは、とてもかわいがられて、なんでも「女の子だから」と優先されてきたそうです。

最初は「女性でいることの楽しさ」を感じていたようですが、しばらくするうちに、自分が優遇されることで、ほかの兄弟や親戚がイヤな思いをするのでは、と思いはじめ、「女でいるとだれかを傷つける」「女でいてはいけない」という思いに変わっていきました。以降、サバサバした男っぽい自分を演じてきてしまったそうです。
Mさんは、恋愛関係になると女らしくすることに抵抗があり、わざとおちゃらけてしまうそうですが、本当の望みは幼い頃に感じていた「女性としてめいっぱい人生を楽しむこと」だと気づいたそうです。

こんなふうに、育った家庭環境には、魂の望みを知るヒントが隠されています。

もしかすると、「こんな家に生まれたくなかった」と、家族を恨んでいる人もいるかもしれませんが、それも全部、自分の魂の望みにたどり着くためのギフトなのです。

「何に興味を持っている？」
それがどんなに小さなことでも、
素直に忠実に行動しましょう。

「興味」は魂の望みにつながっている

あなたが興味を持っていることは、なんですか？

じつは、**あなたの魂は、あなたに「興味」という方法を使って、いつもサインを送ってくれています。**

その興味に従って、少しずつでも行動を起こしていけば、だれでもちゃんと魂の望みにたどり着けるようになっているのです。

アップル社を創業した故スティーブ・ジョブズは、大学に入学したものの、必修科目にまったく興味を持てず、中退しました。しかし、その後も自分に興味のある授業だけは、もぐり込んで受けたそうです。

そのひとつが「カリグラフィー（書道）」。様々な書体や、微妙に異なる文字の間隔など、文字の美しさや面白さを学び、〝文字遊び〟に没頭したそうです。

その後、マッキントッシュを設計する時、カリグラフィーで学んだことが活かされて、マッキントッシュ特有の美しいタイポグラフィーや文字間隔調節機能につながりました。

のちに、ジョブズがスタンフォード大学の卒業式でスピーチをした際に、学生たちにこのエピソードを話し、「点と点は必ずつながっている」と語ったそうです。

つまり、将来何に役立つかなんてわからなくても、今興味のあることに挑戦することが、あなたの魂の望みに関係しているということです。

私自身も、自分の興味に従った結果、今の自分にたどり着きました。そして今も、いつも自分に問いかけています。

自分の心の指し示す興味に従って、勇気を持って行動を起こしていけば、紆余曲折《うよきょくせつ》があったり、時間がかかったりしても、自然と自分の魂の道にたどり着くものだと思っているからです。

もちろん、だれかから植えつけられたものではなく、自分の心から湧いてくる好きなものや、やりたいことでなくてはいけません。

けれど、自分の心より人の言うことや、人からどう見られるかを優先して生きてきた人は、最初はそれがわからないかもしれません。その場合でも、何度も何度も自分に問いかけていってください。

そのうちに、自分が心から興味あるものがわかってくるようになるはずです。時間をかけて、気長に問い続けることが大切です。

魂はいつも「興味を湧き起こす」という方法を使ってあなたの進むべき道を指し示してくれているのを忘れないようにしましょう。

だから、余計なことを考えず、それに素直に従えば、間違いなく魂の望みが実現していきます。

答えは全部自分の内側にあって、後はそれをキャッチして行動できるかどうかだけなのです。

「休みたくない」

「やめたくない」

「もう止まらない！」

そこまで思えることは、なんですか？

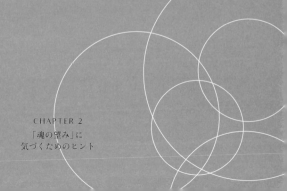

ついつい夢中になってしまう！　湧き上がる情熱は何？

寝ても覚めてもそのことが気になってしまう、どんなに疲れていても、そのことにだけはエネルギーを注いでしまう……。そういうことの中に、あなたの魂の望みは隠れています。

先日、テレビのバラエティ番組でバナナジュースの専門店を開業した女性が紹介されていました。その女性によると、バナナが最高に甘くてよい状態であるのは、2、3時間だそうです。その間に、そのバナナをむいて冷凍しておかなければ、最高のバナナジュースは提供できないのだそうです。ですから、彼女は昼夜問わず、バナナの状態をチェックする必要があるそうです。

番組の司会者が、女性に「休みたいと思わないの？」と質問すると、「バナナが気になって休めない、休もうと思わない」と彼女は答えました。

その女性がバナナについて語る姿がとても楽しそうで、バナナに対する愛や、最高のバナナジュースを提供することへの情熱が痛いほど伝わってきました。

私も、どんなに忙しいスケジュールでも、書きたいことや伝えたいことが降りてきた時には、場所も時間も問わず、パソコンに向かいます。正確には、ｉＰａｄなのですが、これも、いつでもどこでも書けるように、軽くて携帯性のよいｉＰａｄを使うようになったのです。

何冊も並行して執筆していたり、講演を頼まれたり、イベントが重なったりして、体力的にキツイな、と感じる時もあります。でも楽しくて、そして、心からやりたい、そして必要な人に届けたい、という思いが先にあるので、頑張ることができてしまうのです。会社員時代、いつも休みたい、と考えてばかりいたのとは対照的です。

これは、ブラック企業のように、身体に鞭《むち》打って働きなさい、という意味ではもちろんありません。疲れたら休むことも大事です。でも、自分の時間なんて必要ない！ 大変でもやりたい！ ということの中に、あなたの魂の望みがあるのです。

「1年しか生きられないとしたら、
何をする？」
そこに魂の望みが隠れています。
それを行動に移すのが、
後悔しない生き方です。

魂は、いつでも好奇心の塊

もしあなたが後1年しか生きられないとしたら、何をしますか？

仕事はどうでもいいから家族と一緒に過ごしたいという人もいれば、富士山に登って朝日を見たいという人、大好きな彼とずっと一緒にいたいという人もいるかもしれません。またどうしてもこの研究を完成させないと死ねない！　と、仕事に没頭する人もいるかもしれません。

とにかく、**後1年しか命がないとしたら、最優先してやりたいこと。それが本当にあなたのやりたいことです。**

この時、「休みたい」「のんびりしたい」というような答えが出てくるかもしれません。魂の望みからかけ離れた生活をしていればいるほど、そう思うでしょう。

しかしそれは、本当に心からやりたいことでしょうか？

現状の抑圧の反動から出てきているだけではないでしょうか？

おそらく、1、2週間くらい休めば心も身体も回復するでしょうが、それでもずっと休みたいと思いますか？

ほとんどの人は、退屈で暇を持て余してしまうでしょう。

魂の本質は、好奇心の塊です。

疲れた時はもちろん休息も必要ですし、長い人生、ひと休みの時期もあります。

でも、動かずに、また何も生み出さずに、ただひたすら「休む」ことだけのために生まれてきたはずはありません。

あなたは、自分の魂の望みを実現するために生まれてきているのです。

あなたという魂は永遠ですが、この人生での時間は限られています。だからこそ、明日自分がいなくなっても後悔しない生き方をしましょう。

そのように考えはじめたなら、あなたはだんだんと魂からの選択ができるようになっていくでしょう。

「なんのしがらみもなかったら、
それをやっている？」
だれの影響も受けず、
だれのためでもない。
それが魂の望みです。

気づかないうちに、他人の望みを引き受けていないか？

開業医の親のもとに生まれた子どもは、自分も親の仕事を継いで医者になるために医学部に行く、というケースが多いでしょう。先ほど、医者になって人を助けることが魂の望みだから医者の家に生まれてくる場合があるという例を挙げましたが、そうでない場合ももちろんあります。

それは、「親に言われたから」「親が自分にそう望むから」など、いつの間にか医者になることが自分の望みだと思い込んでいるような場合です。

自分で選んだように見えて、じつは親を喜ばせるためや、家族のためにその職業を選んでしまっているケースはよくあります。

自分自身は、それをやるのが当たり前だと思い込み、考えることすらしなかったために気づけないのです。

また、やってみたいことはあっても、家族やパートナーが許してくれるわけない、など、その思いを打ち消してしまっているケースも本当に多いのです。

だからこそ、問いかけをしてほしいのです。

「本当になんのしがらみもなくて、別の親のもとに生まれていたとしても、それをやるのか？」と。

そう問いかけて「やっぱりやる」と思えば、それは本当の望みなのでしょう。でも、違う親もと、違う環境だったらその選択はしなかったかもしれない……と思えば、あなたの望み自体が間違っているのかもしれません。

今あなたがしていること、そこになんのしがらみがないとしても、それをやり続けますか？

改めて、自分に問い直してみてください。

自分の「好き」を本当に知っていますか？
勘違い、思い込みではありませんか？
心を自由にして、
自分の可能性を想像してみましょう。

「やりたいこと」＝「魂の望み」ではないことも！

もしあなたが自分のことをよく知っていれば、好きなこと・やりたいこと＝魂の望みという単純な方程式が成立します。それを行動に移していけば、人生はどんどん拓《ひら》けていくでしょう。

なぜかと言うと、好きなことに対する純粋な「愛」の波動、やりたいことをしている時の「情熱」の波動こそが、あなたの魂そのものであり、それがあなたを魂の道へと誘ってくれるからです。

でも、これまで、「好きなことややりたいことをやってもなかなかうまくいかない」と感じたことのある人も多いはず。

なぜそうなるのかと言うと、多くの人は、自分の好きなことも、本当にやりたいことも、じつは知らないからなのです。「自分の好き」「やりたい」がわからない、またはわかったつもりになっている状態なのです。

自分の好きなものややりたいことをやっているつもりでも、なんとなくよさそうだと思っていること、人がやっていること、世間的に流行っていること、一般的に幸せそうに見えること、得になりそうなこと、他人からよく見られそうなこと、生活が安定しそうなこと、ステイタスのあること……、そういうものを無意識に選択し、それが自分の望みであり、やりたいことだと勘違いしてしまっているのです。

これを読んで、心当たりのある人もいると思いますし、まったく自分では気づいていないけれど、このパターンに陥ってしまっている人もいるでしょう。

このような場合は、実際には好きでもないし、魂がやりたいことでもないので、やはり、よい引き寄せは働きません。

また、これがやりたいけれど、自分には才能もお金もないからできっこないと思って、その気持ちを打ち消してしまっているケースもあります。

私自身も、文章を書く職業に就きたい、という思いは小学生の時からありましたが、本を書けるのは特別な人だけで、自分にできるわけがないと、長い間、その思いを打ち消してしまっていました。

でも本当は、だれでも自分の魂の望み、そしてそれに関連する望みを叶えるために必要なものは、必ず持って生まれてきているのです。

自分は才能にあふれていて、体力も万全、お金も好きなだけ使えて、時間も自由、だれもあなたのやることに反対しない、そしてだれに認められる必要もないとしたら……何をしますか？

想像力を働かせて考えてみてください。そこにヒントが隠れています。

「子どもの頃から好きだったことは?」
たいしたことないと思っていても、
周りの人が褒めてくれていたことは、
大切なヒント。

両親や友だちが、あなたの知らないあなたを知っている

ここまで、自分に問いかけてきたけれど、魂の望みがわからない！　という人も安心してください。今まで自分を隠してきた人ほど、自分の本心はわかりにくくなってしまっています。

でも、ひとつひとつ、自分を覆った皮を丁寧にむいていけばたどり着きますので、焦らずいきましょう。

多くの人が大人になるにつれ、親の目、先生の目、友だちの目、上司の目など、周りの目を気にして生きていくものです。そうして自分を偽りすぎて、魂の望みがなんなのか、わからなくなってしまうのです。

その場合は、子どもの頃に好きだったこと、得意だったことを思い出してみましょう。まだ両親や周りの人の目や意見が気になるようになる前、そして生きていくための収入のことなんて考えなくてよかった頃、あなたはあなたの好きなことをやっていたはずです。

自然の中を駆け回ること？　絵を描くこと？　動物とたわむれること？　歌を歌うこと？　パズルをすること？　駆けっこなど身体を動かすこと？　みんなをまとめるのが得意だった？

中にはそれをやって褒められたという記憶がある人もいるかもしれません。思い出せないという人は、幼い頃のアルバムを見たり、両親や友だちなどに、自分は小さい頃何が得意だったのかを聞いてみましょう。

自分ではたいしたことではないと思っていても、両親や友だちには見えているあなたの得意なことがあるものですよ。

子どもの頃は、だれもが自分の魂を自由に表現していたのです。だから、小さい頃好きだったこと、得意だったことには、魂の望みにつながるヒントがあるはずです。

それは、特別なことでも、すごいことでなくてもいいのです。自分に問いかけて、あなただけのものを見つけてくださいね。

「あの人を見ると、ザワザワする」
その気持ちを無視しないで。
苦手な人と出会ったら、
自分を知るチャンスです。

ネガティブな感情は、あなたがそれに興味があるというサイン

あなたには、強烈に「嫌い」と感じる人や「心がザワザワする」と感じることはありますか？

先ほど、興味のあることを追求すれば魂の望みにたどり着く、ということを書きましたが、興味というのは、ワクワク、好き、惹かれる、やってみたい、楽しそうというポジティブなものだけではありません。

嫌い、苦手、嫉妬を感じる、といったネガティブなものも、じつは興味なのです。

そう言うと、「いやいや、私は絶対、あの人が嫌いなんだから、興味なんかない」と反論したくなる人もいるかもしれません。でも、好きな人のことではなく、嫌いな人のことばかり話していたり、嫌いな人のことで頭がいっぱいになってしまうことはよくあることです。これが興味ではなくてなんなのでしょう？

その人が自分にとってあり得ないことをするから嫌いだというケースが大半だと思いますが、魂の望みは、自分にとってあり得ないことだったりすることも多いのです。

ですから、もしかしてその**「大嫌いな人」の言動に、自分の魂の望みのヒントが隠されているかも!?**　という視点で考えてみてください。

私自身、今の仕事をするようになってから、周囲にいる人はどんどん変わりましたが、その中でとにかく「有名になりたい」というような動機が見え見えの人には、どうしても嫌悪感を抱いてしまう自分がいました。

私は最初の本を出した時、まだ会社員だったこともあって、できるだけ目立ちたくないし有名になりたくない、自分が自由に生きていけるだけの収入があればいい、というふうに思っていました。

ですから「有名になりたい」ということをモチベーションにしている人とは合わないし嫌いだと思って、距離を置いていたのです。

でも、その後、私の魂のサブテーマに「人気を得る」ということがあると知りました。私のメインとなるテーマは「愛について体験し学ぶこと」なので、その中には、「たくさんの人に愛されて人気を得る」ということも含まれるのです。

それを知った時、私は「まさか」という思いでいっぱいでしたが、じっくり自分と向き合ってみると、私が有名になることに貪欲な人に対して嫌悪感を抱くのは、自分自身がその魂の望みに素直になれていないからだ、ということに気づきました。

近づきたくない、嫌いだと思っていた人の言動に、私の魂が今世でやるぞ、と決めたテーマがあったのです。

そして、その嫌いな人は、「もっと人気を得てもいいんだよ」「人気を得ることに、もっとオープンな気持ちでいないとだめだよ」ということを、私に見せてくれていたのです。

また、特定の人に嫉妬を感じることもあるでしょう。それは、あなたが本当にそれがしたいという気持ちや、それができる能力を持っているのに、そのことに気づいていないので、すでにそれを表現している人が目の前に現れると、嫉妬や焦りを感じてしまうのです。

なかなか気づきにくいとは思いますが、強烈な「嫌い」とか「嫉妬」という感情、「心がザワザワする」という感覚をもとに、自分の本当の思いを探ってみてください。

どんな人も、本当のあなたに気づかせてくれる存在なのです。

このように考えていくと、「イヤだ」と思っていた波動も「興味」というよい方向へ変わっていきますよね。

あなたがその人を「嫌いな存在」ではなく「本当の自分を教えてくれる存在」だったと気づければ、あなたの世界からは「嫌いな人」は消滅します。

そして、あなたが本当に求めていた魂の望みに気づくこともでき、一石二鳥となります。

「あなたが恐怖を感じることは何？」
足がすくむほどの怖れは、
それを超えるために、
用意されたビッグチャンスです。

魂の望みを叶えるためには、戦わなければならないこともある

魂の望みというのは、本来、あなたに幸せや喜びをもたらしてくれるものです。しかし、それがあなたにとって、とても大事なものであるために、恐怖を感じる場合もあります。

本当は喉から手が出るほどほしい！　こういうことを経験してみたい！　でも怖い、足が進まない……と思うこと。そこには、魂の望みが隠されている可能性がとても高いのです。

私自身のことで言えば、普通の会社員として働いている時に、スピリチュアルの世界に出会い、「真実はここにある！」と魂が湧きたちました。そして、引き寄せの法則に出会い、人生はその人自身の思い（本心）の通りになっていて、この世は自分の内側の反映であることも、私自身の経験から間違いのない真実だと思いました。

ですから、それを多くの人に伝えたいという思いに駆られ、『人生は思い通り』と

いうタイトルで、約7年前にブログを書きはじめました。

でも「こんなことを書いてヘンに思われないかな？　怪しいと思われないかな？」という思いがあって、それはそれはとても勇気が必要だったのです。

ブログ自体は、私が言わない限り、だれが書いているかはわからないので、まだよかったのですが、フェイスブックやミクシィは違います。シェアする時に「家族や知人・友人になんて思われるだろうか？」「大丈夫かな？」という怖れが強くあったのです。

でも、それを振り切って、発信をはじめることにしました。なぜなら、それが自分の伝えたいことだったから。自分の中の真実だったから。

それが、自分との調和の第一歩でした。


ブログがどんどんたくさんの人に読まれるようになるにつれて、喜びも大きくなっていきました。でも同時に怖れも常について回りました。

最初の本が出る時は、もう本当に怖かったのです。嬉しさと同時に、ものすごい恐怖もあり、それを乗り越えなければいけませんでした。

でも、乗り越えた先にあったのは、本当に調和した世界でした。
それは自分が自分でいられる世界であり、自分がしたいと思ったことが、向こうからやってくるという、外側（他者や社会）とも調和した世界だったのです。

自分の魂が、命じることを実行するためには、戦わなければいけないこともあるのです。

それは、自分の内側の戦いであり、聖なる戦いです。

怖いし、大変だし、勇気がいる。それでも、私たちは、願うこと、やりたいことをやること、夢を見ることをやめられません。
なぜなら、魂から夢が生まれるからです。身体を持った自分がそれを実現していくことで、それはまた魂に必要な栄養となっていくのです。

「周りの人が、
あなたに頼んでくることは何？」
周りの人からの頼まれごとは
あなたが気づかない魂の望みです。

頼まれごとは、試されごと

ここまで自分自身の内側を見つめることで、魂の望みを探ってきましたが、ここでちょっと外側にも目を向けてみましょう。

これまで、人からよく頼まれたことや、なぜだかわからないけれどよく自分に回ってくるような役割や仕事はありましたか？

「頼まれごとは、試されごと」とはよく言ったもので、あなたの魂の望みであり、やるべきことはちゃんと、あなたに回ってくるようになっています。

ただしこれは、人に合わせて自分のやりたいことをねじ曲げるという意味ではありません。また人の目を気にして世の中にウケそうなことをやる、ということでもありません。

自分の興味のあることや、やりたいことをやっていく中で、どれが人から求められていることなのか見極めるということです。

あなたの魂の望みは、そのまま人のためになること、つまり、人から求められていることでもあるからです。

私は今のブログをはじめる前に、家庭菜園とベジタリアンのブログをやっていましたが、それは特に広まることもありませんでした。それもそのはず、私自身が「ベジタリアンなんてウケない」とか「必要としている人もそんなにいないだろう」という後ろ向きな考えを持っていたからです。

しかし、その後にはじめた引き寄せの法則に関するブログは、書きはじめて2ヶ月もしないうちに日々のアクセス数は数千になり、その後もどんどん増えていきました。同じ人が書いているのに、なぜそのようなことが起こるのかと言うと、それが、私自身の魂の望みに関することであったと同時に、私に求められている役割でもあったからです。

あなたに求められていることや、あなたに期待されていることは、魂の望みへのヒントになります。

本来、あなたが心からやりたいことと、あなたに求められる役割は一致するのですが、自分自身をまだまだ知らない段階では、それがずれていると感じてしまうケースはよくあることです。

また、自分は苦手だと思い込んでいたり、努力することを避けているだけで、本当はその才能があふれている、ということもあります。

私の住んでいるバリ島では、美しい棚田の風景があり、外国人観光客にとても人気ですが、地元の人にとっては日常にある田んぼなので、最初はその価値に誰も気づいていなかったそうです。そんなふうに、自分ではわからないけれど、人から見るとよくわかる、ということは案外多いものです。

もし、自分のやりたいことがまだよくわからないという場合は、周囲が勧めてくること、誘われること、頼まれることを素直にやってみましょう。もちろん、周囲の期待に応えるために無理をしたり、心が望んでいないことをする必要はありません。

自分自身の枠を外すような気持ちで、自分に来るものを受け入れていくと、思ってもみなかった自分にたどり着けることもあるのです。

逆を言うと、もし自分が踏み出した道が魂の道ではない場合は、それに強く反対する人が現れたり、どうしてもその道に進めなくなるような出来事が起こったりと、逆風が吹くようになるでしょう。

よく、そのような逆風は「本当にあなたが望んでいるのか」というお試しだというとらえ方をする場合もありますが、**基本的に、魂の道を進んでいると、ほぼすべてのことがスムーズに運びます。**

もちろん、自らが努力して乗り越えなければいけない壁は登場しますが、外圧によってその道にストップがかかるということはないのです。

ですから、仕事にしても、恋愛、結婚にしても、どうしてもうまくいかない、その道に進みたくても進めないという場合は、「その道ではないのかもしれない」というふうに考えてみましょう。

あなたのやろうとしていることが、人に求められていることかどうか、周りに応援してくれる人や協力してくれる人がいるかどうかを見てください。

それは、魂の望みに向かって進んでいるかどうかの目安になります。

CHAPTER

3

「本当の自分」を生きられない理由

「幸せの押し売り」に影響されていると、
自分だけの幸せを
見つけることはできません。

まず、本当の自分、本当の願いに向き合う

はじめての本を書いてから6年が経ちますが、その間に「本やブログを読んで、すごく人生が変わりました」「願いが叶って幸せです」という声をたくさんいただきました。一方で「なかなか願いが叶いません」という声もあるのは事実。

なぜその違いが出るのかというと、その人がどんな望みを設定しているのか、ということも大きく影響しているのです。今までたくさんのご質問やご相談を受ける中で、自分が本当は何を望んでいるのかさえ知らない人や、自分が望んでいるわけではないことを求めている人がとても多いということを強く感じます。

「引き寄せたい望みはなんですか？」という質問に対してトップを占めるのが、「お金持ちになること」「仕事で成功すること」「理想の人と結婚すること」の3つです。

気持ちはわかりますし、本当にそれを望むのであれば求めてもいいのですが、ただ事実として、お金を持っていても、仕事で成功していても、理想の人と結婚しても、

幸せではない人はたくさんいます。

つまり、お金持ちになることも、仕事で成功することも、理想の人と結婚することも、幸せや魂の望みとは直接は関係していない、ということです。

お金に関して言えば、豊かさを楽しむことに遠慮はいりませんが、いくらたくさんのお金を手にしたとしても、自分自身を生きていなければむなしいだけですし、お金のために自分のやりたいことをねじ曲げてしまっては、幸せは感じられません。

私自身、いくら今以上のお金を稼げたとしても、ほかの仕事をやろうとは思いません。もちろん今の仕事が発展して変化していくということはあり得ますが、仕事の選択において、お金が基準になることはありません。

また、理想の人と結婚することは、女性の幸せのように思われがちですが、本当は結婚を望んでいないのに、将来の不安、親や世間からのプレッシャーで結婚したいと望んでいると勘違いしている人はたくさんいます。

もちろん、心を分かち合えるパートナーがいることは素敵なことですが、いくらパートナーがいても、自分のやるべきことをやっていなかったら、必ず人生に修正が入るような出来事が起こってきます。

また例えば、一流企業に勤める高収入の優しい旦那さんと、かわいい子どもたちに囲まれ、高級マンションで優雅に暮らすマダム。朝はヨガをして、旦那さんと子どもたちを見送った後は、犬と散歩。その後、友だちと優雅にランチ……。

様々な女性誌に、このようなだれもが憧れるライフスタイルを送る女性たちがたくさん登場しています。そうした記事を見て、「あ〜、こんな幸せな生活をしたいけど、とうてい無理……」と自己価値が下がってしまう人もいるかもしれません。

もちろん、憧れるのは悪いことではありませんし、そうした暮らしに本当に幸せを感じるなら、求めてもいいと思います。

でも、**だれかに認められるために、カッコよく見せたいためにそれを求めるなら、それは本当の望みではありません。ですから、叶ったとしても幸せは感じられないでしょう。**でも、こんなふうに、いいところだけ紹介された情報に惑わされる人はとても多いのではないでしょうか？

物を買うにせよ、結婚するにせよ、仕事をするにせよ、何を望むにせよ、本当に自分にとって心地いいのは何か、それを見極めましょう。引き寄せの法則というのは、あなたが幸せでいれば幸せな現実を引き寄せる、という法則です。ですので、あなたがあなた自身の幸せをちゃんとわかっていればそれを引き寄せますが、わかっていなければ、なかなか引き寄せられないということになってしまいます。幸せの押し売りに影響されることなく、本当に望んでいるものを選び取っていってくださいね。

日本社会は特に、みんなが同じ幸せを目指す傾向があるように感じます。でも、本来、魂の望みはみんな異なるもので、世界にひとつだけのオンリーワンなものです。みんなと一緒でなくていいし、世間で言うところの幸せなんて、あなたにとっては本当にどうでもいいことなのです。

それに気づかず、世間的な幸せが自分の望みだと思い込んでしまうと、自分自身の幸せとは何かに、なかなか気づきにくくなってしまいます。

あなたがあなたの魂の求めることに気づき、その道を生きることこそ、本当の幸せであり成功です。

だれになんと言われても、魂の望みに沿って生きる。その時、あなたは間違いなく幸せです。

まず日々の幸せに目を向けましょう。
目の前の問題を意識している限り、
解決を願っても
マイナスを引き寄せます。

今ある問題から逃げるための望みはマイナスに働く

「お金さえあれば、今ある問題から解放される」「結婚さえすれば、今感じている寂しさや不安を埋められる」……というように、今ある問題を解決するために、何かを願う人は本当に多いものです。

自分を振り返ってみても、思い当たることはありませんか?

しかし、これでは自分の意識が「自分には今問題がある」「今不幸である」という方向へ向いてしまっています。

そうすると、「問題のある今」「不幸な今」を引き寄せ続けてしまうのです（引き寄せの法則についての詳細は、私のブログやほかの書籍で詳しく解説しています）。

これを解決していくには、まず、日々の幸せに目を向けることです。

すでにある幸せに気づいていくことであり、与えられているものに気づき、感謝していくことです。

その上で、自分はどんな人生を送りたいのか、この人生で何を経験し、何を手に入れて、何を成し遂げていきたいのか……。そう考えていくことで、自分の本当の望みにたどり着けるのです。

今ある問題から逃げるための望みを抱いても、あなたにとってよいことは何も引き寄せません。

望みを抱いている理由を深掘りし、それが今ある問題を解決するための望みであれば、いったん手放しましょう。

「もし、今の生活になんの問題も不足もなかったとしたら、私は本当は何を望んでいるの？」と、考えてみましょう。

だれかに認めるためにすることは、
結果が気になります。
でも、魂の望みからすることに、
結果を求めることはありません。

人の基準ではなく、自分の基準で生きる

私たちは幼い頃から親に「こういう立派な大人になりなさい」と言われ続け、学校では先生から「いい成績を取る人がすごい人」という価値観を教えられてきたため、その社会的基準に従って努力し、そういう人間になろうと頑張ってきた人も多いでしょう。

私もそのひとりでした。

でも、お伝えしてきているように、それを続けているうちに、本当の自分の望みや思いがわからなくなってしまうのです。

魂の望みに沿った人生を送るには、湧き上がる思いにただ素直に従えばいいだけなのですが、社会的基準に従って「これをしたらどう思われるだろう」と周りの目を気にしたり、結果や失敗を怖れるあまり、思いのまま素直に行動ができなくなってしまうのです。

その結果、「自分は成績が悪い」「仕事ができない」などの理由から、自分はダメな

人間だと自己否定をするようになってしまうこともあります。

おそらく、ほとんどの人が無意識に、自分の心よりも世間的によいとされている社会的な基準や価値観、世間体や常識、だれかの意見を優先して生きているのではないでしょうか？

そうした生き方をしている限り、魂が望む「自分の人生」にはたどり着けません。

魂の望みとは、世間体や常識とは無縁のところにある「本当のあなたを表現する」ことです。

だれかの意見や、社会の基準に沿って生きていれば安定・安心と思っている限り、残念ながら、魂の望みは見つからないのです。

また、そうした価値観で生きていると、見えないプレッシャーを背負い「認められたい」という気持ちに縛られていってしまいます。そして、もっと立派な人、もっとすごい人になるために、自分の望みとは全然違うところを目指しはじめてしまうのです。

ですから、社会的な基準や価値観、また、両親をはじめ自分以外のだれかの望みに応えようとすること、また自分以外のだれかに認められたいという気持ちは、手放していきましょう。

「いい人」「すごい人」「できる人」にならなくていいのです。

あなたはそもそもあなただけの「素晴らしいところ」を持って生まれてきた「素晴らしい存在」なのですから。

今これを読んでいる人も、読んでいない人も、全員、そうです。

だれも褒めてくれなくても、だれに認められなくても、でも自分はこうしたい、これがやりたい、そういうことの中に、魂の望みがあるのです。

また、自分の望みを考える時に、「すごい仕事をして年収◯◯円になりたい」「アクセス数が圧倒的な有名ブロガーになりたい」など、結果を設定する人もいると思います。

しかし、このような望みも、結局だれかに認められたい、という気持ちから出ているものですよね。

人に認められるための「結果」を望むのではなく、「人生を使って何をしていきたいのか」、それを意識してみてください。

先ほどの例で言うと、「何をして年収〇〇円になりたいのか」「何をして名声を得たいのか」というところに、ちゃんと向き合ってみるということです。

結果は後からついてくるもの。結果ではなく、「何をしたいのか」「何をして人に貢献していきたいのか」が重要なのです。

そこに、あなたの本当にやりたいこと、本当に幸せを感じること、生まれてきた意味が隠されています。

多くの人は、結果を求めがちですが、結果が出ようが出まいが、興味のあること、やりたいことのほうが大事なのであり、それを追い求めることが、魂の道へのいちばんの近道です。

あなたが赤ちゃんの時は、
自分を否定していませんでした。
いつか、だれかから言われた
否定的な言葉を、
なぜあなたは受け入れるのでしょう。

罪悪感や自己否定は必要ない

「幸せになってはいけない」「人生を楽しんではいけない」「贅沢をしてはいけない」「私なんか願いを叶えられるわけがない」……そんな思いを持っている人も多いかもしれません。

原因は様々ですが、多くは生まれてきた環境や育った環境が影響しています。

私自身、母親がお金に関して厳しく、買い物をする時は、ほしい物ではなく値段が基準でしたし、できるだけ節約しなければいけない、ほしいものにたくさんお金を使ってはいけない、というような思いがずっとありました。

でもこのような思いは、本来必要のないものです。

あなたはそもそも、あなただけの願いを叶えて、人生を謳歌《おうか》するために、幸せになるために生まれてきているのですから。

本当にやりたいこと、ほしいものには貪欲になりましょう。

そうしてあなたが自分の魂の望みに前向きになり、それをどんどん叶えて幸せになることで、あなたはほかの人にも貢献していくことになります。

ですから、あなたが望みを叶えたり、幸せになったり、人生を喜び謳歌することに、遠慮も罪悪感もまったく必要ないのです。


また、よく「自分の評価が低くて、自己肯定感が持てないのですが、どうすればいいでしょうか？」というようなお悩みをいただくことがあります。

過去に人からいろいろ言われ、否定されたこともあったかもしれません。だれにでも多かれ少なかれ、そのような経験はあるでしょう。それが積み重なって、自己否定につながってしまうのは普通のことです。そして自己否定することで、魂の望みが見えなくなってしまっている人も多いのです。

その自己否定は、どこから来ているのでしょうか？

自分を否定している赤ちゃんはいません。ですから、もしだれにも否定されずに育ったら、あなたは赤ちゃんの時と同じように、自分を否定することはなかったでしょう。

自己肯定感がなく、自分を否定してしまう人は、長い年月の中で、外側から来る意見を採用してしまっただけにすぎません。

事実は、だれかがダメだと言っていた、というだけのこと。

だれかがあなたをダメだと言ったからと言って、それは、あなたがダメだということを意味するわけではありません。

だって、あなたは、だれかの評価を得なくてはいけない存在ではないのですから。

自分の願いを実現するために、自分の喜びを表現するために存在しているのです。

あなたが自分の魂の望みに気づいたら、それを実現していく過程で、あなたの自己肯定感は間違いなく回復していくでしょう。

なぜなら、魂の望みを生きることで、自分が生まれてきた意味を理解することができ、そして自分が自分でよかったと心から思えるのですから。

できないことを、
なんとかするのではなく、
できることを、伸ばしていく。
結局は、それが魂の望む生き方への
近道です。

完璧になろうとしていないか？

よく「苦手なことを克服したいのですが」というご相談を受けることがあります。その背景には、社会的にちゃんとした人にならなくてはいけない、立派な人にならなくてはいけないという思いがある場合が多いようです。

しかし、あなたはあなたであればいいのであって、完璧な人、周りからすごいと言われるような人になる必要はありません。

また、すべての人に好かれる必要もありません。

苦手を克服しようとするのではなく、あなたがすでに持っていること、できることを発見し、それを育てていくことが大事です。

あなたに求められていることは、完璧になることではなく、あなた自身になることです。

世界でひとりだけのあなたが、よりあなたらしく、あなただけが持っている能力を発揮して、あなたの望みを実現する。これが結果的に世のため、人のためになっていくのです。

本当はやりたいこと、できることを、怖れがあってやらずにいたり、面倒だから逃げているという場合は、それに向き合って努力していくことが必要です。

でも、本当に苦手なことや、やる気が起きないものには、向き合う必要はないのです。

自分のやりたいことのために頑張るのか、人のためや人に認められるために頑張るのか、その見極めはとても大事です。

できないこと、苦手なことをなんとかしようとせず、自分は何ができるのか、そこに目を向けていきましょう。

意識を自分に向けるのか、
他人や環境に向けるのか。
自分軸で生きるか、
他人軸で生きるか。
それを意識するだけで、
現実は大きく変わります。

周りを変えようとする限り、魂の道は歩めない

自分自身に真剣に向き合って魂の望みを知り、それを叶えるべく自分の心に従うことは、自分勝手やわがままになることとはまったく違います。

心のままに生きること。それこそが、自分の持っているものを、ほかの人へ還元する最高にして唯一の方法です。

あなたが魂の道に邁進すればするほど、周囲と調和していくのです。

わがままというのは、自分の都合で他人を動かそうとしたり、自分は変わらずに相手を変えようとしたり、自分の要求を他人に押しつけたり、思ったような結果が得られないと相手のせいにしたり……などを言います。

一方で、心のままに生きるというのは、自分が本当にやりたいこと、自分が本当に望むことに、だれにもなんの遠慮もいらないということです。

自分の心に従って自分を高め、自分を変えていこうとするのか、相手に要求し、相手を変えようとするのか。

つまり、自分に働きかけるのか、相手や外側に働きかけるのかの違いであり、自分軸なのか、他人軸なのか、ということです。

自分のために周りに変わってもらおう、周りを動かそうと思うのはわがままです。自分を省《かえり》みることなく、なんでも相手のせいというのも、わがままです。また思考の思いつきだけで、周囲に迷惑をかけたり振り回すのも、わがままです。

そうではなく、本当の自分を表現していくこと、自分自身の考え方やものの見方を自分で選択していくこと、これが自分を生きることであり、心のままに生きるということです。

これを履き違えなければ、わがままになったり、人に迷惑をかけたりすることはありません。

わがままに生きても、人生はよいほうへは変わりません。

なぜなら、周りを変えようとしていると、「変えなくてはいけないような、よくない現実」を引き寄せ続けるからです。

私たちの心は、何にも縛られない自由なものです。しかしこれからの時代、自由を履き違えている人や、自分勝手やわがままを押し通している人はつらくなってくるでしょう。魂に従っていないことは、どんどん削ぎ落とされていく時代だからです。

でも、心のままに生きていくと、必ず本当に望んでいた人生を引き寄せていくことができますので心配ありません。

あなたは人と違っていてもいいし、違って当たり前なので、安心してあなただけの道を歩いていいのです。

こうした生き方ができるようになると、周囲とはどんどん調和していきます。そして、調和しないものは自然と離れていくことになるでしょう。

その結果、わがままでいる必要もなくなるのです。

と言うことは、わがままを言わないと通らないようなことをやっているのであれば、まだ魂の道には入っていない、とも言えるのです。

人をうらやむくらいなら、
自分の魅力を探しましょう。
ただただ、自分に目を向けてみるのです。

だれかと比べて、自分にないものばかりを見ていないか？

「○○さんのようになりたい！」「○○さんのような容姿や性格、才能を持っていたら、もっと幸せになれたのに……」

こんなふうに、ほかのだれかになりたがる人もいますが、それは自分はまだまだ足りない、自分なんてダメだ、という思いがあるからではないでしょうか？

でも、すでにお伝えしたように、あなたはあなたの魂の望みを叶える資質はすべて持って生まれてきているのです。

あなただからこそできることがあって、そのために必要なぴったりのものをすでに持っているのです。

いいところがない人はいません。才能がない人もいません。

例えば、勉強ができなくても、人前で話すことが得意だったり、運動は苦手だけれど、絵が上手だったり、集中力はないけれど、その人がいるとみんな笑顔になったり……。みんなそれぞれ、自分の中に輝いたものを持っています。

そのできること、得意なことの中に、魂の望みがあるのです。

今あるもの、今すでに持っているものに目を向けてみることが大事。あるものに目を向けて満ち足りた自分を感じるほど、満ち足りた人生を引き寄せ、魂の望みに近づくのです。

ですから、人と比べることにはまったく意味がありません。そもそも持って生まれた魂の望み、この世で果たすべき役割が違うのですから。

すべての出来事に、
よい・悪いはありません。
それにとらわれていると、
現実も魂の望みも見失ってしまいます。

✕よい・悪いで判断するのをやめる

人とついつい比べるくせは、私たちの中に根深くありますが、比較するということは「よいもの」「悪いもの」が存在するということです。

例えば、世間的によいイメージのあるものをあげてみましょう。

【恋人がいること・婚約・結婚・妊娠・出産・入学・進学・成績優秀・運動能力がある・大学合格・就職内定・一流企業に勤務・高給取り……】

一方で、世間的に悪いイメージのものをあげてみましょう。

【おひとり様・子どもができない・大学不合格・離婚・リストラ・仕事を辞める・不倫・勉強ができない・運動音痴・給料が低い……】

ほとんどの人が、いいイメージのものにしがみつきがちですが、じつはこの世の中に、「よい出来事」も「悪い出来事」もありません。単なる事実があるのみ。

よい・悪いを決めているのは、あなたの思考です。

たしかに、悪いイメージのものは世間的に人気がないでしょう。ですから、人の目を気にしてばかりいると、悪いイメージのものを避けるようになり、世間的に「よい人」「立派な人」でいようとしてしまいます。

しかし、例えば離婚の先に、本当にやるべき魂の望みがあったとしたらどうでしょうか。

離婚はよくないと思い、それができずにいると、いつまでも魂の望みに行き着くことはできませんよね。また、給料が高いのがいいことだ、という考えにとらわれていると、これまた本当の望みを見失うひとつの原因になってしまいます。

つまり、**自分の中の悪いイメージが、魂が望む道に進めない障害となってしまう可能性もある**のです。

実際、リストラされたからこそ、思いきってやりたいことに挑戦できて、幸せな人生を歩んでいる人はたくさんいます。

大学に落ちて進学をあきらめたからこそ、アルバイト先で思わぬ出会いがあり、それが魂の道へつながっていたという場合だってあります。

たくさんある出来事が、どうつながっているのかなんて、本当にわからないのです。

ですから、世間のイメージに惑わされないことが本当に大事です。

何がよくて、何が悪いかを気にする必要はありません。よい・悪いにとらわれることなく、あなたの心が指し示すほうへ向かってください。

答えはあなたの中に、必ずあります。

「今」を犠牲にして生きて、
幸せな未来が、
訪れるはずはありません。

未来はコントロールできない

例えば、Aの道はやりたいことだけれど、それでお金が稼げるとはとうてい思えない。一方、Bは特にやりたいことではないけれど、仕事として成立するし、間違いなく収入になる、という場合、多くの人はBを選んでしまいがちです。

家族があってお金を稼がなくてはいけない、というような場合は難しい選択だと思いますが、いくら稼げそうでも、いくら周りの人がBを勧めても、自分の心の声に従って「Aで行く」と思えるかどうか。そこが大事です。

多くの人は、未来のために、「今」を犠牲にしがちです。

けれども、幸せを引き寄せるためには、まず自分が幸せになること。これは、どうしても変えられない法則です。

今、我慢していたら、我慢しなくてはいけないような現実を引き寄せ続けてしまうからです。

魂の望みは、未来ではなく、「今」あなたが心からやりたいこと、興味があることの中にあります。

未来はわからないけれど、今の自分の心に従った選択ができるか。その選択が魂の望みにつながっていきます。

多くの人は、未来をコントロールできると思っています。そしてそのために、今どうしたいのか、ということに目を向けません。

でも、実際に明日だれに出会うかなんて、わかりませんよね？

例えば道でばったり旧友に出会って、そこから何かにつながるかもしれませんし、何かの集まりで隣の席に座った人と意気投合して何かがはじまるかもしれません。

明日がどうなるかなんて、だれにもわからないのです。ですから、未来のためではなく、今どうしたいのか、そこへ意識を向けていきましょう。

魂の望みを実現するためには、

「頑張らなくていい」

なんてはずはありません。

「頑張らなくていい」の落とし穴

「頑張らなくていい」という言葉を聞いたことがある人は、たくさんいると思います。

魂の望みを知り、その方向を向いて生きていくと、たしかにスルスルと思ったことが叶うようになっていきます。出会いもチャンスも向こうからやってきて、それはまるで、目の前にレッドカーペットが敷かれていくように、道ができていきます。

だったら、魂の望みを知りさえすれば、もう頑張る必要はないのかと言うと、それは違います。

たしかに、やりたくないことをやる必要はないのですが、「頑張らなくていい」という言葉を表面的に受け取ると、怠けてもいい、大事なことから逃げてもいい、快楽を追求し続けていい、というような勘違いが生まれてしまいます。

でも、「頑張らなくていい」ということの本当の意味は、「自分以外のものにならなくていい」「無理をしなくていい」「未来のために、今を犠牲にしなくていい」ということです。

お金のため、評価されるため、期待に応えるため、自分が自分でないものになるための頑張りは、必要ありません。

でも、お金のためでなく、評価されるためでもなく、期待に応えるためでもなく、あなたが魂からやりたいことを表現していくためには、頑張らなくてはいけないことももちろんあります。

自分の持って生まれた資質を伸ばすという意味での頑張りは、ものすごく必要です。

私自身、去年から今年にかけて小説を書いたのですが、はじめてのことなので、なかなか筆が進みませんでした。いつもなら3ヶ月もあれば1冊書き上げることができますが、今回は半年経っても10ページほどしか進みません。

もうやめてしまおうかと思ったことが何度もありましたが、その度に、その道を思い出させてくれる人に出会うなど、「やりたい」という思いを再確認させられる出来事が何度もありました。

結局、書きあげるまでに1年以上かかりましたが、それは私の新しい道を切り拓いてくれる経験となりました。

本当にやりたくないことなのか、やりたいことだけど切磋琢磨《せっさたくま》が必要なことなのか、その見極めはとても大事です。

本当にやりたいことなら、それがどんなに大変でも頑張ってやることで、あなたの魂の望みは実現し、あなたに喜びをもたらしてくれることになります。

自分の身体も思考も意識も、全部自分の財産です。それらをフルに活用して、本当の自分でいるため、本当の自分を表現するために頑張ってほしいのです。

ラクをしたいと思うのは、
今に不満があるから。
その不満にまず向き合うことが大事。

「ラクをしたい」という思いを手放す

宝くじを購入した人に「なぜ宝くじを当てたいのか？」と聞くと、かなりの割合で、「会社を辞めてラクしたいから」と言います。

つまり、会社がイヤだから宝くじを当てて、そこから逃げたいと思っているということですね。

これでは「今がイヤ」という思いが叶うことになり、残念ながらイヤな現実を引き寄せ続けてしまうのです。

ラクしたい、現実から逃げたいと思う限り、望んでいるような人生を実現できるはずがありません。あなたは、逃げるため、ラクするためではなく、魂の望みを実現していくために生まれてきたのですから。

同じ「楽」という漢字でも、「楽しむ」という意味なら、それはとてもいいことです！ですから、もし宝くじを当てたいのなら「ラクしたいから」と考えるのではなく、「あんな経験やこんな経験をして人生をもっと楽しみたい」と考えてください。

これは、似ているようでまったく違う波動をまとっていることがわかるでしょう。前者は、逃げたいという後ろ向きの波動で、後者は希望にあふれた前向きな波動です。

あなたの心が前を向いていれば、魂と同じ方向を向いているということです。

「専業主婦になりたい」という女性も多いのですが、家庭を育むことに喜びを感じ、家事をすることに幸せを感じる人は、そこに魂の望みがある可能性があります。

でも、仕事がイヤだから稼ぎのいい人と結婚してラクしたい、と思っているのなら、たとえ専業主婦になれたとしても、いずれ自分の存在価値がわからなくなったり、子どもだけが人生のすべてになってしまったりと、人生に迷うことになります。

また例えば、玉の輿《こし》に乗りたいと願い、代々大地主の家系に生まれた彼氏をゲットして結婚にこぎつけたとしても、自分のやるべきことから逃げ続けていれば、自分の道へ引き戻す何かが起こります。玉の輿に乗れたから、〝人生あがり〟ということは絶対にないのです。

また、これが魂の望みで、それが正解だったらやる。そうでなければやらない……。

このように、「うまくいくならやる」という思いでは、うまくいくものもいきません。とりあえずやってみなくてはわからないこともたくさんあります。またそれが、最終的に魂の望みではなくても、どんな経験も学びになります。

人生に無駄なことはひとつもないのです。

未来はわかりません。わからないからいいのです。

未来はわかりませんが、今、あなたがあなたの心に従ってした決断は、すべて正解ですし、最善なのです。

今、与えられている環境は、今のあなたにとって必要なものであり、学ぶべきことがあるということです。

まずは向き合って、そこから自分はどうしたいのかを決めてください。

ラクはできませんが、魂の望みへシフトすれば、とても生きやすくなります。

私は会社員時代、無理をしていました。毎日、満員電車で通勤するだけでも本当はつらいのに、「仕事だから仕方ない」「やりたくないこともやらなくてはいけない」と信じていて、人間関係においても我慢の連続でした。

仕事の量や責任という意味では、今のほうがずっと大変ですが、でも魂の望みに向き合えば、それがとても楽しいのです。ラクはできませんが、人生が楽しく、生きやすくなっていきます。

次章では、実際に魂の望みを実現していく方法をお伝えしていきます。

CHAPTER

4

「魂の望み」を叶えて人生を展開していく

まず、動く。
結果に悩むより、
動いて、結果を得ることのほうが、
ずっと大事。

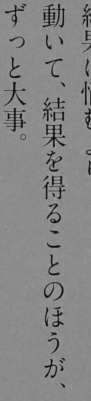

興味や直感に従って行動し続ける！

ここからは、実際に魂の望みを実現していく方法を見ていきましょう。

CHAPTER2で魂はいつもあなたに「興味」を使ってサインを送ってくれているということをお伝えしましたが、その興味が湧き上がってきたら、放置せずに、行動に移していくということがとても大事です。

留学してみたい、ゴルフをはじめてみたい、スピーチの勉強をしたい、あのレストランに行ってみたい、あの映画を見たい、お料理をしたい、片づけたいなど、大きなことから小さなことまで、やりたいと思いながらも手をつけずに後回しにしていることが、たくさんあると思います。

面倒くさいと思ったり、いつかやりたいと思いつつ今はやる気がしない、勇気が出ない、時間がない、お金がないなどの理由で、二の足を踏んでいることがあるのなら、思いきって、どんどんやってみてください。

それが直接、あなたの望みに関係ありそうでもなさそうでも、とにかく行動してみることが大事。やってみなければわからないのです。

行動を起こし続けることが大切なのです。

今、私は本を書くことをはじめ、「伝えること」を仕事としています。これは私の魂の望みにつながることですが、じつは中学生くらいの時、小説もどきのようなものを書いていたことがありました。

でも、当時は作家になるなんて本当に限られた人にしかできない難しいことだと思っていたので、その夢を無意識に封印していたのです。

そのほかに興味があったことは、洋服を作ることと、海外に行くことでした。

本当は大学に行かずに洋裁を学べる専門学校へ行きたかったのですが、厳しい家庭だったので、そんなことはとても親に言い出せませんでした。

そこで大学に進学することを選びました。でも、やっぱり洋服作りをあきらめきれず、大学に通いながら、ファッションの専門学校に通いました。

これはこれで、やってみると楽しかったのですが、仕事にするのは何か違う、と思うようになりました。

これは、やってみたからこそ、わかったことです。

そして大学卒業後は、もうひとつの興味だった「海外へ行く」ことを選択しました。

英語を勉強するなら英語圏だと思い、イギリスで語学学校に通うことにしました。

しかし、渡英して2ヶ月も経たないうちに、住んでいたシェアハウスのオーナーに、この家を売却するから出ていってと言われ、別の家を探すことに。その引っ越し先の大家さんは黒人女性だったのですが、あまりの文化の違いから意思疎通が難しく、だんだん居心地が悪くなっていきました。

おまけに、食べ物も合わず、物価も高くて、天気もずっと曇り空。さらに当時は銀行口座を開くことも難しかったのです。

また、英語以外に学びたいことがあったのですが、その学校へも入ることができませんでした。

そうするうちに、だんだんと、私の居場所はここではない、と思うようになりました。そして、「アジアだよ、アジアだよ」という、メッセージとも直感とも言える声が届くようになったのです。

その時は若かったこともあり、あまり迷うこともなくアジアに行こうと思いました。

最初に浮かんできたのがバリでした。というよりは、その時点で日本以外で行ったことのあるアジアは、バリしかなかったのです。そして、その時の印象がとてもよかったので、バリに行こうと思うようになったのです。

そうしたらなんと、バリ島での仕事を引き寄せたのです。当時は引き寄せの法則なんて何も知りませんでしたが、今考えると引き寄せ以外の何ものでもありません。

そしてバリ島へ移り住みましたが、当時、バリのあるインドネシアは、一般的な仕事の給料が月3000円ほどでした。そのことにまず驚き、そして幸せってなんだろう？　仕事ってなんだろう？　お金ってなんだろう……？　ということをいやでも深く考えるようになりました。

このことは、今の私の仕事にとっても重要な経験となったのです。傍目《はため》には、何も考えずに無鉄砲な行動をしていると見えていたかもしれませんが、ちゃんと導かれていたことがわかります。

自分の中から湧き上がってくることに素直に従えば、ちゃんと一つひとつがつながっていきます。

結果は気にせず、興味があるなら行動してみる。これを徹底してみてください。

その時、成果をあげられなかったとしても「経験する」ということが大事なのです。後でそれがちゃんとつながっていたという全体図が見える時が来ますから。

また、やってみて「やっぱり違った」「こっちじゃなかった」と思うこともあるかもしれません。でも、それも、やったからこそわかることです。ですから、ひとつ魂の望みに近づいたことになるのです。


繰り返しますが、とにかく、気になるものはどんどんやってみることが大切です。魂の望みは魂・思考・身体（行動）が一体となってこそ叶います。行動しなければ先に進みませんし、行動することでしか、わからないことがたくさんあるのです。

実際にやってみると、細かいところまでわかってくるものです。ですから、小さなことからでも、まずやってみる。それがスタートです。

世の中にあふれている情報やもの。
それらは、本当に
あなたに必要なものですか？
何が不要か、
自分の物差しを持ちましょう。

多くの場合、興味のないことに振り回されている

先ほど興味が少しでもあるなら行動していくことが大事だとお伝えしましたが、一方で、興味がないことをそぎ落としていく作業も大切です。

本当に好きなこと、本当の興味、本当にやりたいことを知るために、しばらくの間情報の断捨離をするとか、できるだけひとりの時間を多く持ち、ひとりで行動するなど、**静かに自分の内側に向き合う時間を意識的に持つこと**が大事になってきます。

日本もそうですが、現代の先進国はものも情報も必要以上にあふれかえっています。ですから、無意識に日々を過ごしていると、それが本当に興味のあることなのかどうか、わからなくなってしまうのです。

テレビや雑誌、ネットを見ていると、ほしくなるものばかり目にしますが、じつは世の中にあるものの95%は自分には関係のないものだと私は思っています。

本当に自分が好きなもの、やりたいことを知るには、興味のないものや必要のない

ものは徹底的に排除していくことが大事なのです。

私たちは限りある時間の中で生きています。だとすれば、本当に望むこと、興味のあることに気持ちを向けていきたいですよね。

例えばビュッフェで美味しそうなものが並んでいると、全部食べたくなるかもしれませんが、その中から、自分が本当に食べたいものだけを選び取る、そのような感覚です。

自分はそれほど興味がないにもかかわらず、友だちに誘われるままに行動するのではなく、自分の気持ちを優先させて、はっきり断る勇気も必要です。

また、テレビやネットなども、自分が望むことだけを見るのであればいいと思いますが、だらだらと見ることはおすすめできません。

特にニュース番組で流れてくる情報は、ネガティブな情報が大半で、たいていは自分の望まないものではないでしょうか。

防犯などに役立つこともあるでしょうが、それでは「怖れ」があなたの行動のベースになってしまいます。そして、世の中には悪いことがたくさんある、という大前提をあなたの中に作ってしまうことになります。

ですから、ネガティブな情報は耳に入れないことがいちばんですが、情報社会に生きている限り、完全に情報をシャットアウトすることはできません。避けようとすればするほど、逆に意識してしまうことにもなります。

ですから、私は瞑想をおすすめしています。

1日10分でもいいので瞑想をして、情報をシャットアウトする時間を持つと、思考がクリアになります。

生きていると何かしらの影響を受けてしまうものなので、意識的に、まったく影響を受けない時間を持つのです。

いらないものをそぎ落とすと、感覚が研ぎ澄まされていきます。そうした時間を持つことを心がけると、魂の望みに早く気づけるようにもなるのです。

トラブルが起きたら、立ち止まってみて。

「その方向じゃないですよ」

そういうサインかもしれません。

道を間違え続けていると「強制終了」がやってくる

私の知人で、過去に水商売の世界で成功した女性がいます。彼女は自分のお店を持ち、1日に何百万円もの利益を出すようになりました。彼女はとてもポジティブな人なので、ポジティブをどんどん引き寄せ、仕事は軌道に乗りました。

それから1年くらい経った頃、彼女は病気になって倒れてしまいました。その時「私の道はこっちじゃなかったんだ。これは上からのストップだな」と気づいたと彼女は教えてくれました。

そしてその後、美容系の道へと進み成功していますが、これはまさに、見えない力による「強制終了」だったのです。

このような場合、これまで築いてきたことをあきらめきれず、しがみつく人もいるでしょう。でも、しがみついたとしても、また病気になったり、倒産するなどして、どっちにしろ必ず強制終了されるようになっています。

このように、自分がどう頑張ってもその道に行けないような何かが起こるのであれば、それは魂の望む道ではないのです。

大きな存在は、必ず魂の望む道に引き戻してくれます。

それは、まさに愛と言えます。長い目で見れば、そっちに行かなくてよかったね、というサインなのですから。

私はこれまであまり大きな病気をしたことはありませんが、一度だけ今から11年ほど前に、顔面神経麻痺《まひ》になったことがありました。

ある朝起きたら、顔の左半分に違和感があり、まったく動かないのです。舌も半分、味覚がありませんでした。

それが起きたのは、会社員になって1年と少し経った頃でした。

今思えば、自分の魂の望む道ではないため、無理をして病気になったのだとわかるのですが、その頃は気づきませんでした。

その後、今の仕事をはじめるようになり、少しずつではありますが、治りはじめたのです。医者からはもう治らないと言われていたので、本当にびっくりしました。

そして去年、自分の魂の道をはっきりと自覚し、その道を進む覚悟を決めたところ、さらによくなって完治に向かっていったのです。

大事なのは、なぜ困ったことが起きるのか、という視点を持つことです。

トラブルや大きな病など、意味もなく起こるわけではありません。

それは、あなたが魂の道から外れており、今世でのテーマに向き合っていませんよ、というサインのひとつです。

例えば、本当はパートナーシップに向き合うというテーマを持っていながら、面倒だからと言って仕事に逃げているとか、逆にやるべきことがあるのに、恋愛に逃げているとか、努力を惜しんで、やるべきことをやろうとしていないとか……。そのような時、必ず修正されるような出来事が起きます。

人生では、大変な苦労や落ち込むような出来事に遭遇することもあるでしょう。

でも、自分の魂の望みに向き合っていれば、それも後になって「ああ、あれはこういうことだったのか」とわかる時が必ず来るはずです。

何が起ころうと、人生は前に進んでいます。

だから、人生に大きな波があっても大丈夫。その都度、自分の生き方を見直し、本来の自分で生きたいと思えば、必ず魂の望みに近づいていけるのです。

あなたの目の前の扉を開くカギは、
あなたの準備が整った時に、
用意されます。
それは「怖れ」というカギです。

変化を怖れない。それでも一歩進む勇気を持つ

魂の望みを実現していく過程では、これまでの生活を手放し、新しい環境に身を置く必要があることも多く、不安が出てくるかもしれません。

例えば、今の仕事を辞めて、やりたいことをやると決めたものの、経済的な不安に駆られるとか、長年つき合っていた腐れ縁の彼と別れて新しい世界に踏み出そうと決心したものの、ずっと一人だったらどうしようと不安になる……など。

私も未来にまったく不安がないと言えばウソになります。この先、仕事がなくなったらどうしよう、と思ったことがないわけではありません。

でもそんな時は、「自分の魂に従えば大丈夫なんだ」「すべてを引き寄せるんだ」ということを思い出して、思考を軌道修正します。

流れや導きは来ているのに、変化が怖くて動けない人も多いようです。

願いが実現していく時、実現に向かって動いていく時というのは、たいてい怖いも

のです。でも、魂の道を歩きたければ、そこから一歩踏み出さなくてはいけません。目の前にある扉のカギが用意されるのは、あなたの準備が整ったから。あなたにできないこと、あなたがやるべきでないことへ導かれるはずはありません。宇宙は、あなたに必要なことしか起こらないようになっているのです。

一歩前へ踏み出すための勇気を振りしぼってみましょう。

地球がどんな時でも動いているように、この世界に変化しないものはありません。私たち一人ひとりが、変化せずにはいられない生き物なのです。ですから、変化を自分で止めてはいけません。

現状維持でいい、ある程度の幸せと豊かさがあればいい、と考える人もいるかもしれません。私も以前はその一人でした。

でもそれは、一見謙虚なようで、自分の持っているものを出し惜しみしていることです。社会に貢献していない怠慢なこととも言えるのです。

先がわからず怖くても、今、自分の中にある小さな確信、それを拠《よ》り所にしながら一歩一歩前へ進む。そんなあなたを見えない存在たちが応援しないわけはありません。
変化を怖れずに一歩を踏み出す。それがとても大事なことです。

「願いは、叶っても叶わなくても幸せ」
そう思えたら、
幸せな未来がどんどん
引き寄せられてきます。

「願いが叶ったら幸せ」ではなく、まず幸せになる

魂の望みに向き合いはじめたり、魂の望みがなんとなくでも見えてきた人もいると思いますが、それがわかったとして、その願いが叶わなければ幸せではない、ということではありません。

幸せを引き寄せるためには、まず自分が幸せになる。

「今の自分と同じ状態を引き寄せる」というのが、この世に働いている引き寄せの法則の基本です。ですから、今がどんな状況でもそこからいいところを見つけたり、ワクワクしたりして、今ある幸せに気づくのは、とても大事なことです。

幸せは未来にあるのではありません。

幸せを未来に探す限り、人生は幸せを探し続ける旅になってしまいます。

未来に幸せを探すのをやめて、まず今、どうすれば自分は幸せを感じることができるのかを考え、最大限、自分で自分を幸せにしていきましょう。

あなたが、自分の考え方やものの見方、行動を選択することによって、幸せだなと感じることができたなら、あなたは幸せになることができています。

幸せを引き寄せるとはそういうことなのです。

何かが起こったから幸せになるのではなく、あなた自身が変われば、幸せになるのです。

そして、あなたの感情が波動となって発せられると、その波動と同じ現実が引き寄せられていくのです。

幸せや喜びを感じている状態や、穏やかで心地よい状態を波動がいい状態と呼びますが、これは「本当のあなた」「あなたの魂」と同調し、つながりやすい状態なのです。

このように波動をいい状態にしておくと、未来や夢の実現にだんだん執着しなくなり、目の前のことに集中することができるようになります。

すると、「今幸せでない」という思いはなくなり、願いを必死で叶えようとしなくなるので、結果として願いが叶いやすくなるのです。

いい波動でいることを心がけていると、今まで気づいていなかった魂の望みに気づいたり、執着していた望みを手放せたりするようになっていきます。

自分に与えられたものや状況を受け入れて、その中で最大限に感謝して楽しむ。

これに勝るものはありません。

そして、常にこの思考を選べるようになれば、自然と魂の望む道に引き寄せられていくのです。

波動を上げて魂と波長を合わせることを心がけていれば、必ず、魂から何かピンと来ることが降りてきます。

未来について考える時は、
楽しく、ワクワクすることだけを
考えてみて。
もしそれができなければ、
考える必要はありません。

未来のためではなく、今やりたいことをやる

私は引き寄せの法則を知ってから、願いがどんどん叶いはじめ、また新しい出会いもたくさんあり、以前は想像もできなかったようなことが展開していきました。

さらに魂の望みをはっきりと自覚した最近では、「こんなことあるの？」と思うような信じられないシンクロや、嬉しい出来事がどんどん起こるようになったのです。

ですから、未来についてこと細かく考えたり、決めつけたりすることは、本当に意味がないと実感しています。

日々の幸せに感謝し、そして、今、目の前にあることに夢中になっていたら、想像以上のことが起こって、最高の現実を引き寄せる——。

これは、自分がコントロールできるものではなく、「大きな自分」が現実を動かしている……。そんなふうにひしひしと感じます。

もちろん、仕事のスケジュールなど常識的な予定の調整はしますが、未来を引き寄せよう、とはまったく思わなくなったのです。

未来に創造の力はなく、それは今にしかないということがわかったからです。

ですから、未来のためではなく、今、心から自分がやりたいことは何かに向き合い、それを行動に移すこと。

そして、今を楽しむこと。それだけなのです。

すると、あなたの「好き」「やりたい」に従って、現実が動いていきます。

もし、未来にこんなことを起こしてやろうとか、こんなことを引き寄せよう、という思いがあるとしたら、それは結果や未来をコントロールしようとしているということです。

そうすればするほど、コントロールの必要な現実を引き寄せ続けてしまうのです。

ですから、未来や結果を気にしてなんとかしようとする意識は、あなたにとってよいことはもたらしません。

自分以外のものに対して、コントロールしようとする思いを手放した結果、あなたが本当に望む、自由自在の創造の世界が待っているのです。

いい学校へ入るために、いい仕事に就くために、いい結婚をするために、たくさんお金を稼ぐために、今どうすればいいか……多くの人は、そんなふうに考えてしまいがちです。

しかし、何度もお伝えしているように、それが幸せに結びつくとは限りません。「未来のために」と言って、今、興味が持てないことや、やりたくないことを続けてしまうと、あなたの思うよい未来は、永遠にやってこないのです。

今と同じものを、あなたは引き寄せ続けるからです。

そうは言っても、どうしても未来のことが気になる、という場合は、あなたが心から「楽しみにする」ことができるものだけを、考えるようにしてみてください。

例えば、旅行の計画をしたら、行った先での出来事を想像してワクワクしますよね。

このように、楽しみにするということは、起こる出来事を信頼している状態なのです。

もし、何か望む未来があったとして、それを楽しみに待てない状態であれば、それを考える必要はありません。

今ある楽しみや、今やりたいことに目を向けてください。そうすることが、あなたを結果的に望む未来へと導きます。

占い師の言葉は、
あなたも気づかなかった心の反映です。
だから、答えはその言葉の中に
あるのではなく、
あなたの心の中にあるのです。

占いとのつき合い方

人生で迷った時、必ず占い師や霊能者に見てもらって決めるという人もいるでしょう。かく言う私も、占いや目に見えない話は大好きなので、友だちに「すごい人がいるよ〜」と誘われたら行くこともあります。

よく、「引き寄せの法則では、占いはどう考えるんですか?」という質問を受けます。「全部自分が引き寄せている」と聞くと、「引き寄せ」と占いは相反するもののように思うかもしれませんが、占い師に言われることも、全部自分の心の反映です。

ですから、現状「自分の心はこうなんだな」と参考にすることはできますが、占い師の言ったことが絶対的な真実であり、従わなければいけない、ということではありません。

それは占い師がよい・悪いではなくて、自分の波動の状態がよければ今の自分にズバッと来るメッセージがもらえますし、不安がいっぱいあって波動がよくない状態だと、占いでもよくないことを言われるのです。

よくないことを言われたから、よくない結果が起こるのではなく、あなたの今の不安を反映しているだけなのです。

自分の不満や不安を占いで解消してもらおうと思っても、それは無理な相談です。不安は不安しか引き寄せません。

そうではなく、自分の本当の望みを知りたい、魂でつながっている相手を知りたい、という思いで占いに行きましょう。

凄腕の占い師になると、自分の顕在意識では気づいていない深いところの自分、魂の自分について教えてくれるということもあります。ですから、どうしても自分の魂の望みがわからない、見当もつかないという場合は、そうした特殊能力を持つ人に聞いてみるというのもひとつの手です。

しかし大事なのは、その結果に振り回されないこと。

もしその結果に自分が深く納得できれば、それは自分の魂の言葉と思っていいでしょう。

素直に受け入れて、言われたことを実行することが大事です。

しかし、何か違和感を感じるのであれば、それにとらわれる必要はなく、「じゃあ、自分は何を望むのか?」、そちらに意識を向けるきっかけにすればいいのです。

そういう意味では、どんな占い師の言葉も、魂の望みに気づくためのヒントです。

大事なことになればなるほど、占い師や他人の意見をあれこれ聞いて振り回されてしまうかもしれません。

でも、結局、自分のことは自分がよく知っているのです。そして自分でしか決められないのです。

周りの言葉は、参考にすることはできますが、あなたの外側に答えはないのです。

本当に自分が望むことを知っているのはあなただけ。あなた自身が答えを知っているのです。

心が整うと、身体も整います。
暴飲暴食は、心が暴れている証拠。

自分を整えると、望みが整い、道も整う

魂の道を進んでいくことは、自分の心を知りそれに従うことですが、それはひたすら自分自身に向き合うことです。

それは同時に、自分を整えていく作業でもあります。

自分が整えば、引き寄せるものも整っていきます。

ですので、身体も健康に保てるよう大事にしていきましょう。

本来、人間というのは心も身体も健康であるのが自然ですから、そのために適度な運動や健康的な食事など、当たり前のことは大切です。大事なことは、毎日の当たり前の生活の中にあるのです。

ただし、これはやりたくない運動を無理してやるとか、食べたいものを我慢してまで、ヘルシーなものだけを食べなくてはいけないという意味ではありません。

食事に関して言えば、どんなものでも美味しく楽しく、感謝していただくということに勝ることはありません。

ただ「その食事を本当に身体が必要としている？　美味しく感じているの？」と自分に問いかけることは必要です。と言うのも、中毒に近い状態で「好きだ」と思い込んでいる場合もあるからです。

「食べたいから」「飲みたいから」と暴飲暴食することが、心に従うことだと勘違いしている人もいます。それは日々、心に従った生活ではないから、その満たされない思いを食事で埋めているだけなのです。

毎日の生活が満たされて、魂が輝きはじめると、食や健康においても、本当に必要なものを選択できるようになってくるはずです。

私自身は完全なベジタリアンだった時期もあり、今でもお肉はほとんど食べません。グルテンフリーにしてみたり、断食をしてみたり、最近はお酒もほとんど飲まなくなりました。ですから、人にストイックだね、と言われることも多いのですが、我慢しているわけではありません。

それをやりたいから、それが楽しいから、それを心地よいと感じるから、やっているのです。

自分が我慢していないかどうかは「死ぬ時、後悔しないだろうか？」と考えてみるとわかると思いますが、そういうことにならない自信もあります。

本当の意味で心に従い、自分自身を大事にしていけば、自分自身の食べたいもの、食べるべきものも量も次第にわかるようになっていきます。

「本当に心と身体が喜んでいる？」と自分に問いかけ、自分の心と身体が求めている美味しいと感じる食事を楽しみましょう。

新月や満月を感じる。
道端に咲く花にうっとりする。
自然を感じることは、
魂の望みを呼び覚ましてくれます。

自然を感じる心地よい波動は、宇宙につながる

満月になると出産が多くなるという話を聞いたことのある人は多いかもしれませんが、地球に生きているすべての生命は、天体の位置によって何かしらの影響を受けています。

私たち人間も自然の一部ですから、当然ながら自然の影響を受けています。どう生きるのかを決めるのはもちろん自分ですが、その道を進んでいく過程も自然の大きな流れの中にあるのです。

月の満ち欠けを意識するなど、自然と共存して生きていることを感じられるようになると、自分は宇宙から切り離されて生きているわけではないと思えるようになって、魂の導きも受けやすくなるでしょう。

バリにいると、満月と新月に必ずお祭りがあるので、いつでも自然を意識することができますが、最近では新月や満月の日が記されている手帳も出ているので、そのよ

うなものを使って自然を意識することもできます。

また、私自身、今のブログをはじめる前に、家庭菜園のブログを書いていたことはお伝えしましたが、植物を育てた経験が生命力をダイレクトに感じたり、宇宙のシステムの縮図を感じることにとても役立ったと思います。

そうは言っても、都会に住んでいると、自然を感じにくいかもしれません。でも、そんな中でも、道端に咲いている花に目を向けてみたり、風が吹いて木がザワザワとするのを感じてみたり、オフィス街でも鳥の鳴き声に耳を傾けてみたりすることはできます。

これは、私がこれまでずっと伝え続けてきた「いい気分を保つ」ということにもつながり、魂の望みを呼び覚ましてくれることにもつながります。

CHAPTER 5

魂で決めてきた出会いを引き寄せる

居心地が悪い環境は、
あなたの居場所ではないかもしれません。
魂の道を進みはじめると、
人間関係はどんどん調和していきます。

人間関係は、魂が望む道を教えてくれる指標

これまで、魂の望みについて書いてきましたが、それに気づくために必要な人物や、魂の望みを実現するために必要な出会いや人間関係も、魂の望みの道筋上に配置されています。

恋愛や結婚の相手もそうですし、あなたが望みを叶える手助けをしてくれる存在、一緒に何かを作り上げるパートナー、望みを気づかせるために登場してくれる人物……というように、お互いが魂の道へ進めるよう、絶妙に運命の糸が絡み合って、お互いの人生に登場し合います。そして学びや気づき、喜びをもたらしてくれるのです。

そういう人たちは、生まれてきた意味や目的を達成するために欠かせない重要人物であり、みんなソウルメイトと呼んでいいでしょう（魂の関係についての呼び名はもっと細かく決まっているようですが、ここでは呼び名は重要ではないのでソウルメイトとします）。

魂は完璧なので、あなたが魂の望みに従って人生を歩んでいくと、そうしたソウル

メイトたちを自動的に引き寄せ、人間関係も調和していくようになっているのです。

逆に言うと、人間関係がこじれたり、居心地が悪いと思ったり、自分の居場所はここではないと感じているなら、それは「あなたの居場所はここじゃないよ」「魂の道とは違う方向だよ」と教えてくれているサインととらえることができます。

いくら頑張っても思うように結果が出ない、覇気《はき》のない職場、ネガティブな発言にうんざり、幸せに過ごしたいのに何をしても噛み合わずにつらい……など人間関係に難がある場合、それはまだ魂の道に入っていない証拠です。

魂の望みを自覚し、その道を進みはじめたら、ものごとはスムーズにその方向へと導かれていきます。

けれども、流れを止めようとする人が現れるということは、自分の向かっている方向が間違っている、自分がまだ自分の心をわかっていない、ということ。

ただ、イヤな環境だから、そこからすぐに逃げればいい、ということではありません。嫌いな人や、心がザワザワするものごとの中に、自分を知るヒントが隠されているということはお伝えしましたね。どんな人間関係も、自分を知る材料になるのです。

そこから逃げずに向き合ったら、悪縁だと思っていた人たちが、じつはあなたを魂の道に戻してくれる良縁だったというのもよくあることです。

私も会社員時代のことを思い返してみると、それなりに人間関係で悩みはありました。仕事はいかに会社の利益をあげるかばかりで、職場の雰囲気は停滞気味。お客様のためではない方針に、みんな疑問を持っていました。でも上司の言うことは絶対で、個人の能力を活かすというより、会社の都合で動かされる、そんな状態でした。

ですから、当時はみんな陰で上司や会社の文句ばかり言っていました。

けれど、今は全然、違います。出会う人のほとんどが、いかに一緒によい本を作っていけるか、よい仕事をしていけるかという意識を持ち、プライベートでも、どうしたら人生をよりよくしていけるのか、自分の道を生きていけるのかという、お互いにヒントを与え合えるような友人たちばかりです。

魂の望む道に向かいはじめると、本音で語り合い、そのままの自分でいられる心地いい人たちが周りに増えてくるようになります。逆に、どうも合わない、居心地がよくないという人は自然と離れていくでしょう。

現在の人間関係が、魂の道を歩いているかどうかのひとつの指標なのです。

人との出会いや別れは、
流れに身を任せましょう。
執着することなく、
いつでもニュートラルに。
それがご縁を引き寄せるコツです。

ご縁を生かすも無駄にするのも、心構え次第

どんな人でも、ソウルメイト同士がお互いに学び合い、助け合い、関わり合って生きていくことで、魂の望みを実現する喜びを広げていくのですが、だからと言って、ソウルメイトに出会うために、無理に人脈を広げようと頑張る必要はありません。

魂の道に入ると、特別なことをしなくても、自分がやりたいことを行動に移していく中で、ソウルメイトたちに出会えるようになるのです。また魂でつながっている相手なのかどうかを、自分自身が敏感に感じとれるようにもなっていきます。

基本は流れに身を任せること。すると勝手に人脈が広がっていく場合もありますし、人脈は狭くても、ピンポイントで出会えることもあります。

友だちの数や、出会い方などを気にする必要はなく、きちんと出会うべき人と出会えるようになってきます。

ですから、人づき合いが苦手で、積極的に多くの人と仲よくできないという人でも、

ソウルメイトにつながれないということはありません。無理をする必要はどこにもないのです。

また、「絶対この人はソウルメイト！」と思える人が出てきたとしても、その人とずっとつながっているかどうか、それはわかりません。

たしかにその人は、あなたの魂が望む道に連れて行ってくれたひとりかもしれません。でも、その人との学びが終了すれば、お互い離れることも最善の流れの中で起こってきます。

あなたの学びが進んでくると、その波動や学びに見合ったご縁ができてくるので、おつき合いするうちに、もし違和感を感じてきたら、距離を置いてもいいのです。「そうは言っても恩もあるし、大切にしなければ……」と思って無理に仲よくしようとしても、いずれ価値観の違いがあからさまになったり、離れざるを得ない出来事が起こったりするようになります。

例えば、仕事の関係で出会い、意気投合して新しい仕事を次々とタッグを組んで成功させていたのが、何かの出来事をきっかけに一緒に仕事ができなくなる……という感じです。

ちょっと寂しさを感じるかもしれませんが、そういう時こそ、流れに身を任せましょう。

去るものを追うことなく静観していると、魂の望みに導く次の新しい出会いがやってくるのです。

ですから、この人との関係は絶対だと思い込んだり、決めつけたりせず、ニュートラルにおつき合いすることが大事。それが魂の望みを叶えるご縁を引き寄せるコツです。

どんなに遠くても、
どんな困難な障害があっても、
だれでも必ず、運命の人に出会えます。
あなたが魂の道を歩きはじめたならば……。

運命の人に出会うために必要なこと

よく「運命の人に出会いたい」という望みを聞きます。

「運命の人」には、いろいろな定義があるでしょうが、ここではいわゆる恋愛や結婚におけるベストパートナーという意味でお伝えしましょう。

そうした**出会いを求めるなら、まず魂の望む方向を自分が向くこと、魂の道を歩きはじめることが先**です。

あなた自身が本当の自分とつながり、本当にやりたいことに踏み出し、充実と幸せを感じる毎日を送っていると、運命の人が現れるのです。

自分が魂の道に向き合えば、自然に出会えるようになっているということです。

「運命の人に出会わなければ幸せになれない」と思っている限り、出会えません。ですから、「早く運命の人に出会いたい！」「運命の人を探すぞ！」といった意識で毎日を過ごすのではなく、自分が本当にすべきことは何か、本当にやりたいことは何か、自分の人生をどう使うべきか、この人生で何を成し遂げたいのか……そういったことに意識を向けていくことが大切です。

しかし実際は、適齢期だし結婚しないと取り残された気持ちになるとか、このまま一人でいるなんて寂しい、というような不足感から、出会いへの願望が強い人もいるでしょう。

でも、本当に興味のあること、やりたいことをしていると、寂しさや不足感は感じないものです。ですから、寂しいと感じている人ほど、その寂しさをだれかや何かで埋めようとするのではなく、自分自身で本当に望むこと、興味のあることをどんどんやってみましょう。

厳しいことを言うようですが、だれかに幸せにしてもらおうとか、これさえ叶えば人生バラ色とか、そういう気持ちでは本当の意味でのよい人生を引き寄せることはできません。

自分の人生ですから、自分の責任で自分を幸せにしていく、という姿勢が大事なのです。

また運命の人に出会ったら、それで１００％幸せになれるとか、運命の人とは必ず相性がいいとか、そういうことでもありません。

運命の人というのは、お互いの魂の学びにとって必要な人ですから、お互いに高め合えるような関係です。それは、幸せや相性といった単純に都合のいい相手ではないというわけです。

お互いが成長できる運命の人とは、あなたが本当の自分で生きると覚悟ができた時に出会うものなのです。


ちなみに、魂でつながっている相手ならば、たとえ遠くに住んでいたとしても、いろいろな障害があったとしても、奇跡的なことが起こって、結局結びつくようになっています。時間はかかるかもしれませんが、自分の道を歩いて人生をまっとうする生き方をしていれば、魂で約束した相手には必ず出会えます。その時を楽しみにしていてください。

愛を見ずに、条件だけを見ている人は、
幸せな結婚はできません。
また幸せではない結婚だとしても、
それはあなたにとって、必要なご縁です。

幸せな結婚を願い続ける人、不幸せな結婚から学べる人

だれもが、愛する人と結ばれる幸せな結婚を夢見ていると思いますが、結婚とは何かと言うと、「魂の縁」であり「学び」です。

どんな人にも、この世にお父さんとお母さんがいるように、目に見えないとは言え、「魂の家族」もみんなに存在しています。

つまり、**どんな人にも「縁」があり、生まれる前にある程度、結婚候補を決めてきています。**

だから、結婚を心から望んでいるのに結婚できない、という人はいないので安心してください。

また、「この人と結婚したいけれど引き寄せられますか?」というようなご相談もよくいただきますが、あなたがその人を心から、魂から愛しているのなら引き寄せられます。思考で執着しているだけなのか、魂の結びつきなのかの見極めが大事ですが、答えはあなた自身が知っています。

ただし、その「結婚候補である魂たち」にどういう時に出会うのかというと、「自分の心に従って、やりたいことややるべきことをちゃんとやっている時」、つまり、魂の望む道を生きている時です。

先ほど、運命の人のところでお伝えした通りです。

縁のある人はちゃんと存在していますが、自分がそこから離れた場所にいれば、当然出会えません。繰り返しますが、自分の道を進むことが大事なのです。

例えば、小さい時からやりたかったことを学ぶために、スクールに通うようになったらそこに出会いがあったり、もっとやりたいことを実現するために転職したらそこに出会いがあったり、行きたいところへ旅行したり、思いきって移住したらそこに出会いがあったりするのです。

もし、今、やりたいことをやれない環境にいるのなら、実現できそうな範囲で少しでも興味があること、やりたいことを見出し、行動してください。今の生活がイヤだからと言って不満だらけで何もしないままでは、何も変わりません。

何かの気づきを得ることで、今までとは違う展開が起こり、やりたいことをやれる道に進むことができ、その先に出会いがあるはずです。

婚活に励んだり、高額な入会金を払って出会いを求めなくても、自分のやりたいことを実現しながら生きていれば、ちゃんと出会うはずなのです（もちろん楽しくてやりたいのであれば、婚活でもいいのです。ただ無理してやる必要はないということです）。

そして出会えば、お互い強力な縁で引き合い、基本的にトントン拍子で結婚まで進みますので、心配することはありません。

逆にもし、結婚しようとした時に、親をはじめ周囲の大反対にあったなら、それは「あなたの相手はその人じゃないよ」「自分に嘘をついていない？」「本当にその人を愛している？」というサインとしてとらえることができます。

先ほども言ったように、結婚というのは「学び」でもあります。

ですから、もし、「結婚したい」という望みの裏側に、「働きたくないから」「ラクしたいから」というような本心があるとしたら、それは現実から逃げたいということの裏返しです。それでは「逃げたくなるような現実」を引き寄せ続けてしまいますから、まず考えを改めていくことが必要です。

「結婚したら幸せ」「結婚したら安定する」「結婚したら毎日がハッピー」と思っている人もよく見聞きしますが、結婚したからといって今抱えている悩みや不安が解消されるわけではありません。結婚は「人生の保障」ではありません。結婚したことで、幸せから遠ざかる人だっています。

結婚があなたの人生を変えてくれるのではなく、あなた自身が、人生を変えていくのです。

先日、美容室で女性誌を読んでいたら、婚活女性向けに、人気企業ごとに男性社員のタイプが説明されていました。そして、それらの男性が好む女性のタイプや、ハイクラス男性をつかまえるためのワンポイントアドバイスなどが書かれていました。雑誌なので、おもしろおかしく書いているのでしょうが、ちょっとこれには眉をひそめました。なぜなら、結婚する相手は「企業」ではなく「個人」なのですから。

一流企業の男性をつかまえて安泰な人生を送ろうとする女性はいまだに多いのかもしれませんが、彼らの肩書きでなく、「その人、そのものを見て！」と声を大にして伝えたいところですもし条件で男性を見ているところがあるならば、「肩書きやステイタスがなくても、その人が好き？」「一文無しになっても、その人と一緒にいたい？」と自分に問いかけてみてください。

そこに愛はあるのか？　ということが何よりも大事です。

幸せとは、愛の果実なのですから。

そこに愛がなければ（愛より条件のほうが結婚の理由として大きければ）、幸せな結婚生活からは、どんどん遠のいていくでしょう。

私の周囲にも結婚している友人がたくさんいますが、愛ではなく条件で結婚した人は、みんなその後の結婚生活や夫婦関係に悩んでいます。

でももちろん、どんな理由で結婚したとしても、結婚まで至ったということは、そこに縁があったからにほかなりません。そういう意味では、ダメな結婚というものはありません。悩むことで必要な学びを得る相手ということもあるのですから。

しかし、幸せな結婚生活を望むのであれば、やはり「そこに愛はあるのか」ということが何よりも大事なのです。

憧れの人や尊敬する人とも、
出会うことは可能です。
そのためには、
とことん自分を信頼することが大事。

出会いたい人を引き寄せる

これまでご説明してきたように、魂の道を歩いていれば必要な出会いを引き寄せていきます。その中で、あなたが心から出会いたいと思う人、あなたが好きな人も引き寄せていくことができます。

それに関して、深く実感した出来事がありました。それは、私自身の憧れの人、デヴィ夫人（デヴィ・スカルノさん）に出会えたことです。

ずいぶん昔の話ですが、はじめてデヴィ夫人のお写真を見た時「これほど美しい人は見たことがない」と思ったことをよく覚えています。デヴィ夫人はインドネシアのスカルノ元大統領の夫人です。若い頃からインドネシアに深く関わってきた私にとって、夫人は特別な存在です。

デヴィ夫人は、女性誌『ｗｉｔｈ』の公式サイト『ｗｉｔｈ ｏｎｌｉｎｅ』でコラムを書いているのですが、それを読んでいた私は、何ごとに対しても前向きな姿勢に共感し、ますます夫人のことが好きになったのです。

そうしたら、数ヶ月後、『ｗｉｔｈ ｏｎｌｉｎｅ』から私にも連載のお話が舞い込んできました。しかも、私を担当してくださる方とデヴィ夫人を担当している方が同じだったのです。

そのご縁から、なんとその翌年、デヴィ夫人が主催するパーティにお声がけいただき、本当にデヴィ夫人にお目にかかることができたのでした。

それは予想外の信じられない展開でした。

願いが叶う過程、出会いの過程を考える必要はありません。それは、予測不可能なので、考えてもしようがないことだからです。

大事なのは、自分の望みに素直になること。

例えば好きな人がいるのなら、「なんて素敵な人なんだろう」という気持ちを大切にすることです。そして素直に「お会いできたらなんて素晴らしいんだろう！」と思い続けていると、最高のタイミングで、チャンスはやってきます。

そして、チャンスがやってきたら、それをつかみに行く行動が必要です。

その時に試されるのが、自分への信頼度です。

大きなチャンスを目前にした時、たいてい「そんなこと、私には無理」などという恐怖心が湧き上がるものです。

しかし、そうやって自分を信じることができず、自分を卑下する思いが強ければ、そのチャンスをつかむことはできません。

だからこそ、まず自分で自分を認めること、自分を肯定することがとても大事になるのです。

ちなみに、私はこの方法で、実際に会ってお話しするなんて夢のまた夢と思っていた最高の存在3人との出会いが叶いました。

憧れの人や大好きな人を引き寄せるには、心（魂）から好きであることと、素直に願っていること、そして「その人に比べて私なんて」と卑下することなく、チャンスが来たら行動すること。

これは、恋愛の相手であっても、憧れの人や尊敬すべき相手であっても同じです。

だれかに抱く恋心は、
あなたがまだ見ぬ自分、
まだ知らない自分の可能性を、
その人の中に見ているのです。

人を好きになることの本当の意味

独身の人が独身の人を好きになるなら問題はありませんが、自分は独身だけど結婚している相手を好きになった、もしくは自分は結婚しているけれど独身の相手を好きになったなど、どうにもできない関係に苦しんでいる人もいるでしょう。

常識的には、結婚していたらほかの人を好きになってはいけないと思うかもしれませんが、「好き」という気持ちは、理屈で解決できるものではありませんよね。

でも、そもそもどうして人は人を好きになるのでしょうか?

それは、そこに大きな魂の学びが隠れているからです。

あなたがその人に惹かれた理由は、あなたの中にいる「まだ目覚めていない自分」「本当の自分」「あなたの魂が求めているあなた自身」を、その人の中に見つけたからです。

あなたの中に「本当の自分」という種があるとして、それがまだ発芽して開花していない場合、その人がその姿を見せてくれるのです。

あなたは、自分の中の眠っている可能性が実現した姿を、相手の中に見ているのです。そしてあなたは、その人を好きになることで、本当の自分、魂の自分に気づき、見つけることができるのです。

あなたが恋に落ちるのは、本当にやらなければいけないことがあるのに、それをやっていない時と言えます。

あなたの人生にとって、必要のない人があなたの目の前に現れることはありません。あなたの可能性をそろそろ目覚めさせないといけない、というぴったりの時期に、あなたの目の前にその人が現れるようになっているのです。

好きな人ができたら、その人に釣り合う自分になるように、何かに取り組みはじめてどんどん成長していく人は多いと思いますが、人を好きになると、その関係性の中で人は学び、成長するのです。

だから、人は人を好きになり、恋愛するようにできているのですね。

その仕組みは、おつき合いの相手、結婚相手、また片思いの相手であっても同じなのです。

あなたがもし、だれかにはっきりとした特別な感情を抱くのなら、そこには、自分の魂に関わる大事なことが隠されているはず。

ですから、だれかを感じて好きになる気持ちには、敏感になって大切にしてくださいね。

結局のところ、結婚、離婚、不倫などすべて、魂の学びのためにあります。そもそも人生に組み込まれているものなので、よいことでも悪いことでもないのです。

大事なのは、そこから何を学ぶかということであり、結婚したからどう、離婚したからどう、不倫したからどう、ということではありません。

パートナーに抱いている悩みは、
相手の問題ではなく、あなたの問題です。
パートナーの態度は、
あなたの心を映しているからです。

自分が変われば、相手も変わる

もうすでに結婚している人ならば、その人は、あなたにとってどんなパートナーですか？

私の結婚している友人や知人は、それぞれに家庭の悩みを持っていますし、読者のみなさんからも、パートナーについて悩んでいるという相談やご質問は多くいただきます。

例えば、パートナーが仕事ばかりで家庭を顧みてくれないとか、逆にパートナーが働かなくて困っている、高圧的で自分を支配しようとしてくる、金遣いが荒い、などなど……。

そうした時、どうしてもその人を変えたい、その人をどうにかしたい、と思ってしまいますよね。

けれども、あなたの目の前にいる人は、常にあなたの心の鏡です。

あなたの心を映し出してくれている存在であり、あなたの望みを叶えてくれている存在なのです。

人間関係の中でも、結婚相手というパートナーの場合、それが顕著に現れます。しかし、この真実を信じようとしない人が多いようです。

例えばもし、あなたのパートナーがいつも怒っていて、あなたを支配してくるような人だとしたら、あなたの中に「自分は怒られて当然のダメな存在であり、コントロールしてくれる人の存在が必要なんだ」という意識があるか、あなた自身が内側に怒りを溜め込んでしまっている、というお知らせか、どちらかです。

パートナーの金遣いが荒いとしたら、自分が買いたいものをとても我慢しているということ。

パートナーが働かないとしたら、あなた自身が頑張らなくてはいけない、頑張らない自分には価値がないという意識があるということ。ですから、あなたの頑張りたいという願いを、相手が働かないことによって、叶えてくれているのです。

相手の言動と自分の心を照らし合わせて、冷静にじっと観察していると、このように自分の内面に抱えているものが見えてきます。

ですから、大事なのは相手を変えようとするのではなく、相手の言動から、自分自身をより深く知ることです。

そして、不必要な思いを持っているなら、それを変えていくことです。

相手を変えようとしても絶対に変わりません。

相手を変えたいというあなたの望みがそのまま叶い、変えなければいけないような相手を引き寄せ続けるからです。

自分自身の中で気づきが起これば、相手も自然と変わるのです。

出会いも、幸せも、あらゆるご縁も、
まず「自分」への気づきからはじまります。
それが、魂の道への第一歩。

学びが終了したら、関係性が変わることもある

先ほどお伝えした通り、自分が何かに気づいたり、自分の中で変化が起きれば、それにともなって相手も変わります。

先ほどの例で言うと、自分自身がほしいものを買うのを我慢していたことに気づき、素直に買いたいものを買うようになると、旦那さんの浪費は収まりますし、自分に自信を持ち、自分の考えで主体的に動けるようになると、旦那さんが支配してくることはなくなっていきます。

私自身、パートナーとの関係からこのことを学び、自分が変わることで相手が大きく変わるという経験をしました。

パートナーが働かなくなってしまった時期があったのですが、それは、自分の中に「何もかも私がしてあげなくてはいけない」という思いがあったせいでした。

前章で、インドネシアに住んでからいろいろ考えはじめたということを書きました

が、当時私は「日本人として生まれただけで、とても恵まれている」「日本人としてできることはしていかなくてはいけない」という思いを持っており、それをずっと引きずっていたのです。そうして私は「やってあげる自分」に価値を見出していたのだと気づいたのです。

それに気づいてやめたら、パートナーはまた働きはじめるようになったのです。相手が悪い、私の不幸は相手のせい、という考えで愚痴ばっかり言っていた頃は何も変わりませんでしたが、自分自身の思いと行動を改めることで、相手がすんなり変わっていったのです。

自ら気づき、パートナーとの関係が改善されたところで、また次の段階に入ります。そのパートナーとそのまま関係を続けることになるかもしれないし、その人との学びが終了し、感謝してお別れするということもあり得るのです。

パートナーとの間に何か問題がある時、その問題を修復してパートナーとうまくやっていきたい場合も、また別れたいという場合も、どちらもまずは、自分の中の何が相手をそうさせているのか、ということに気づくこと。

その人との関係をいつまで続けるか、が大事なのではなく、自分がその関係から何を学ぶか、ということが大事なのです。

そして、学ぶことができれば、これからも一緒にいるか、別れるかを選択できるステージに入ることができるのです。

もし、相手がイヤだからと別れたとしても、また次も顔が違うだけで同じような人を引き寄せ、同じような出来事で悩むようになっているのです。そうやって、何回も繰り返して気づかせてくれるようになっているのですが、できれば何度も繰り返したくはないですよね。

ですので、今のパートナーとの関係から自分をより知って、学びを得る、ということが、魂の人間関係を引き寄せていく最短距離です。

実際、「離婚したい……」と言いつつ、なかなか別れられない人は多いのですが、そういう人も、自分自身により深く気づいていくことで、パートナーとの関係が変わっていき、すんなりと離婚できるようになることもあるでしょう。また離婚したいとう思いそのものが、ただの逃げだったということに気づくこともあります。

離婚したほうがいいのか、しないほうがいいのかという相談を受けることもありますが「どちらがいいか」ではありません。

自分が学ぶことさえ学べば、その関係性は自然と変わっていきます。迷っているうちは、まだタイミングではないということです。

いずれにせよ、魂に従って生きていると、様々な人間関係を経験することになります。そしてそのすべてが、自分を知っていくため、魂にとって必要な学びを得るために起こっているのです。

私自身のことになりますが、２０１８年の末、13年間続いた結婚生活を解消しました。

出会ってから最初の10年ほどは、私たちは本当に仲がよかったし、なんの問題もなく結婚生活を送っていたのですが、5年ほど前、ちょうど最初の本が出た後あたりから、小さなズレを感じはじめていました。

その度に私は、夫婦について、愛について、男女についてなど、たくさん考え、学びの機会を得ました。

離婚に至った理由は、一緒に生きていくには今後の方向性や考え方がかけ離れてきてしまったことや、一緒に生きていくとすると、私が私らしくいられないような思い、自分が縛られているような感覚をどうしても感じてしまうなど理由を挙げることはできますが、根本的なところで、先ほどお伝えしたように私は「何かしてあげなければいけない」と信じていて、その思いによる結びつきであった、つまり「愛」という私の魂のテーマから見たとき、本来の相手ではなかったと気づいてしまったということがあります（もちろん、それに気づくまでの魂の学びという意味で、私の人生に必要な相手でした）。ですので、私のほうから離婚を申し出、結婚という関係には終止符を打つことになりました。

以前の私は本当の私を偽っていましたから、本当の私に戻った時に関係性が変わっていくのは必然と言えば必然です。学ぶべきことを学び、今の状況を改善させたことで、次へと向かうことができたと思っています。

数年前までは、自分が人生において離婚という選択をするなんて思いもよりませんでしたが、これも魂の道筋の上にあったことだと、今は心から納得しています。

これは、結婚相手を間違ったとか、無駄な時間だったということではなく、ただ、私の人生において必要な結婚と離婚が起こったということです。私の魂の望みは「愛について体験し学ぶこと」であったので、その過程で必要なことだったのです。そして、私の学びはこれからも続いていくでしょう。

離婚を決心するまでは大変なこともありましたが、決心してしまうと、心情的、条件的にもまったく揉めることなく、すんなり離婚ということになりました。学びが終了していたら、ことはすんなり運ぶということを身をもって体験しました。

元夫はすべてわかって受け入れてくれ、私にたくさんの学びと愛を与えてくれた素晴らしい魂の協力者であり、とても感謝しています。


私にとって離婚は、また一歩階段を登った出来事であり、登った先には新しい希望に満ちた世界が広がっていました。離婚後はますます伸びやかな空気を感じながら、仕事にも、私生活にも邁進しています。

これからもますます自分らしく、魂に沿って生きていけたらと思っています。

おわりに

本書をお読みくださり、ありがとうございました。

最後にいちばん伝えたいことは、やはり、どんな人も例外なく輝くものを内側に持っているということ。世の中には上も下も、勝ち組も負け組もないのです。だれもが同じように地球にとって必要な存在であり、大事な役割を持っています。

後は、それぞれが自分の素晴らしさを認め、それぞれの望みに向き合って日々の現実を地に足をつけて生きていくことです。

大きな自分、あなたの魂は、いつでも魂の望みに目覚めるようにメッセージやサインを送ってきてくれています。

必要なことは、全部、あなたの内側や、あなたのすぐそばにあるのです。

あなたは、今よりもっともっと大きな可能性を秘めていますが、遠くを見る必要はありません。先のことを知る必要もありません。全部、手の届く範囲、とても近いところにあります。

あなたに起こることすべては、あなたが本当の自分を知るために起こっています。

そして、パズルのようにすべて完璧にあるべき位置にはまっていけば、あなたという素晴らしい全体像が見えてくるのです。

そして、あなたが魂に目覚めて生きていけば、想像を絶する奇跡のような素晴らしいことが引き寄せられてくるでしょう。でも、それは奇跡でもなんでもなく、だれにでも起こり得ることです。

本書が、みなさんが自分自身を、そしてそれぞれの人生を愛するきっかけ、その手助けになれれば幸いです。

本書の刊行にあたり、廣済堂出版の真野はるみ様、チア・アップのＲＩＫＡ様をはじめ、制作に関わってくださったすべてのみなさま、またいつもブログや著書を読んでくださっているみなさま、そして、いつも絶妙のタイミングで現れる、私の人生に欠かすことのできない、すべてのソウルメイトたちに感謝いたします。

２０２０年１月

Ａｍｙ Ｏｋｕｄａｉｒａ

PROFILE

Amy Okudaira

奥平亜美衣

1977年、兵庫県生まれ。お茶の水女子大学を卒業後、イギリス・ロンドンに約半年、インドネシア・バリに約4年滞在し、日本に帰国。ごく普通の会社員兼主婦生活を送っていたが、2010年に『アミ 小さな宇宙人』（徳間書店）に出会ったことで、スピリチュアルの世界に足を踏み入れる。その後、2012年に『サラとソロモン』（ナチュラルスピリット）に出会い、「引き寄せの法則」を知る。本の内容に従って、「いい気分を選択する」という引き寄せを実践したところ、現実が激変。その経験を伝えるべくブログを立ち上げたところ一気に評判となり、1年で書籍出版の夢を叶える。その後の書籍も次々とベストセラーとなり、累計部数は80万部に。2015年にバリに移住。現在は会社員生活に終止符を打ち、執筆業を中心に活動中。

主な著書に『「引き寄せ」の教科書』（Clover出版）、『人生は思い通り！ マンガでわかる「引き寄せ」の法則』（永岡書店）、『自分を愛すると夢は叶う』（吉本ばなな共著/マキノ出版）などの他、2019年には念願の小説『探し物はすぐそこに』（幻冬舎）を上梓。

「魂の望み」に従い、夢を実現し続ける人生を体現し、多くのファンから支持されている。

公式ブログ　https://lineblog.me/amyokudaira/

「魂の望み」を引き寄せる
チャンスも出会いも豊かさも！ 思いのままの人生を生きる方法

2020年1月29日　第1版第1刷

著　者　Amy Okudaira

発行者　後藤高志

発行所　株式会社 廣済堂出版
〒101-0052
東京都千代田区神田小川町2-3-13　M&Cビル7F
電話　03-6703-0964（編集）
　　　03-6703-0962（販売）
Fax　03-6703-0963（販売）

振　替　00180-0-164137

URL　https://www.kosaido-pub.co.jp

印刷・製本　株式会社 廣済堂

ISBN 978-4-331-52278-3　C0095
©2020　Amy Okudaira　Printed in Japan
定価はカバーに表示してあります。
落丁、乱丁本はお取り替えいたします。